ELEMENS

DE LA

GRAMMAIRE LATINE,

PAR LHOMOND,

Professeur-émérite en l'Université de Paris.

NOUVELLE ÉDITION,

SOIGNEUSEMENT CORRIGÉE,

DANS LAQUELLE ON A INSÉRÉ QUELQUES VERBES IRRÉGULIERS,

Pour en faciliter la conjugaison aux commençans ;

Et retouché la formation des temps.

Paris,	Limoges,
Chez Martial Ardant Frères,	Chez Martial Ardant Frères,
rue Hautefeuille, 14.	rue des Taules,

1846.

ÉLÉMENS

DE LA

GRAMMAIRE LATINE.

PREMIÈRE PARTIE.

Il y a en latin neuf sortes de mots : le *Nom*, l'*Adjectif*, le *Pronom*, le *Verbe*, le *Participe*, l'*Adverbe*, la *Préposition*, la *Conjonction* et l'*Interjection*.

PREMIÈRE ESPÈCE DE MOTS.

LE NOM.

Le *nom* est un mot qui sert à nommer une personne ou une chose, comme *Pierre*, *Paul*, *livre*, *chapeau*.

Il y a dans les noms deux nombres : le *singulier*, quand on parle d'une seule personne ou d'une seule chose : ainsi *un homme*, *une rose*, sont au nombre *singulier* ; le *pluriel*, quand on parle de plusieurs personnes ou de plusieurs choses : ainsi *les hommes*, *les roses*, sont au nombre *pluriel*.

En latin le nom change sa dernière syllabe : ainsi *rosa* fait *rosæ*, *rosam*, *rosarum*, *rosis*, *rosas* : ces différentes manières de finir un nom s'appellent *cas*.

Il y a en latin six *cas*, savoir : le *nominatif*, le *génitif*, le *datif*, l'*accusatif*, le *vocatif*, et l'*ablatif*. Quand on récite de suite les six cas d'un nom, cela s'appelle *décliner*. Il y a en latin cinq *déclinaisons* différentes, que l'on distingue par le génitif singulier et pluriel.

PREMIÈRE DÉCLINAISON.

La premiére déclinaison a le génitif singulier en
œ , et le génitif pluriel en *arum*.

NOMBRE SINGULIER.

Nominatif, f.	Ros a,	la Rose
Génitif,	Ros æ,	de la Rose,
Datif,	Ros æ,	à la Rose.
Accusatif,	Ros am,	la Rose.
Vocatif,	ô Ros a,	ô Rose.
Ablatif,	Ros â,	de la Rose.

NOMBRE PLURIEL.

Nominatif,	Ros æ,	les Roses.
Génitif,	Ros arum,	des Roses.
Datif,	Ros is,	aux Roses.
Accusatif,	Ros as,	les Roses.
Vocatif,	ô Ros æ,	ô Roses.
Ablatif,	Ros is,	des Roses.

Ainsi se déclinent tous les noms dont le génitif singulier est
en æ, et le génitif pluriel en *arum* ; comme :

Cauda , dæ, *la Queue.*	Musca, cæ, *la Mouche.*
Herba , bæ, *l'Herbe.*	Pluma, mæ, *la Plume.*
Hora, ræ, *l'Heure.*	Porta, tæ, *la Porte.*
Mensa, sæ, *la Table.*	Statua, tuæ, *la Statue.*

SECONDE DÉCLINAISON.

La seconde déclinaison a le génitif singulier en
i , et le génitif pluriel en *orum*.

SING.	*Nom m.*	Domin us,	le Seigneur.
	Gén	Domin i ,	du Seigneur.
	Dat	Domin o ,	au Seigneur.
	Acc	Domin um ,	le Seigneur.
	Voc	ô Domin e ,	ô Seigneur.
	Abl	Domin o ,	du Seigneur.
PLUR.	*Nom*	Domin i ,	* les Seigneurs.
	Gén	Domin orum ,	des Seigneurs.

*Remarquez bien que dans les noms français le pluriel se forme
en ajoutant *s*.

Dat	Domin is ,	aux Seigneurs.
Acc	Domin os,	les Seigneurs.
Voc	ô Domin i ,	ô Seigneurs.
Abl	Domin is ,	des Seigneurs.

Ainsi se déclinent tous les noms dont le génitif singulier est en *i*, et le génitif pluriel en *orum*, comme :

Asinus, ni, *l'Ane.* Corvus, vi, *le Corbeau.*
Avus, vi, *le Grand-Père.* Hortus, ti, *le Jardin.*
Capillus, li, *le Cheveu.* Lupus, pi, *le Loup.*
Cervus, vi, *le Cerf.* Populus, li, *le Peuple.*

NOMS *de la seconde déclinaison qui ont le nominatif singulier en* er : *dans ces noms le vocatif est semblable au nominatif.*

SING.	*Nom. m.*	Puer ,		*l'Enfant.*
	Gén	Puer i ,		*de l'Enfant.*
	Dat	Puer o ,		*à l'Enfant.*
	Acc	Puer um ;		*l'Enfant.*
	Voc	ô Puer ,		*ô Enfant.*
	Abl.	Puer o ;		*de l'Enfant.*
PLUR.	*Nom*	Puer i ,		*les Enfans.*
	Gén	Puer orum ,		*des Enfans.*
	Dat	Puer is ,		*aux Enfans.*
	Acc	Puer os ,		*les Enfans.*
	Voc	ô Puer i ,		*ô Enfans.*
	Abl	Puer is ,		*des Enfans.*

Ainsi se déclinent

Aper, pri, *le Sanglier.* Magister, tri, *le Maître.*
Liber, bri, *le Livre.* Vir, viri, *l'Homme.*

NOM NEUTRE *de la seconde déclinaison.*

Remarque. Il y a en français deux genres : le genre *masculin* et le genre *féminin*. Les noms d'hommes sont du masculin, comme le Grand-Père, *Avus.* Les noms de femmes sont du féminin, comme la Fille, *Filia* : ensuite, par imitation, l'on a donné le genre masculin ou le genre féminin à des choses qui ne sont ni mâles ni femelles ; ainsi l'on a fait le Jardin, *Hortus*, du masculin ; la Rose, *Rosa*, du féminin. En latin il y a un troisième genre, qu'on appelle *neutre*. Les noms qui ne sont ni du genre masculin ni du genre féminin sont du genre neutre.

Le genre de chaque nom est marqué ainsi : *m.* pour le masculin , *f.* pour le féminin , *n.* pour le neutre.

SING.	Nom	*n.*	Templ um,		le Temple.
	Gén		Templ i ,		du Temple.
	Dat		Templ o ,		au Temple.
	Acc		Templ um		le Temple
	Voc	ô	Templ um ,		ô Temple
	Abl		Templ o ,		du Temple.
PLUR.	Nom		Templ a ,		les Temples.
	Gén		Templ orum ,		des Temples.
	Dat		Templ is ,		aux Temples.
	Acc		Templ a ,		les Temples.
	Voc	ô	Templ a ,		ô Temples.
	Abl		Templ is ,		des Temples.

Ainsi se déclinent tous les noms neutres dont le génitif singulier est en *i*, et le génitif pluriel en *orum*, comme :

Brachium , i , *le Bras.* Vinum , i , *le Vin.*
Folium , i , *la Feuille.* Collum , i , *le Cou.*
Bellum . i , *la Guerre,* Exemplum , i , *l'Exemple.*
Vitium , i , *le Vice.* Studium , i , *l'Etude.*

TROISIÈME DÉCLINAISON.

La troisième déclinaison a le génitif singulier en *is*, et le génitif pluriel en *um*.

SING.	Nom *f.*		Soror ,		la Sœur.
	Gén		Soror is ,		de la Sœur.
	Dat		Soror i ,		à la Sœur.
	Acc		Soror em ,		la Sœur.
	Voc	ô	Soror ,		ô Sœur.
	Abl		Soror e ,		de la Sœur.
PLUR.	Nom *f.*		Soror es ,		les Sœurs
	Gén		Soror um ,		des Sœurs.
	Dat		Soror ibus ,		aux Sœurs.
	Acc		Soror es ,		les Sœurs.
	Voc	ô	Soror es ,		ô Sœurs.
	Abl*		Soror ibus ,		des Sœurs.

*Tous les cas se forment du génitif singulier, excepté le vocatif et le nominatif.

Ainsi se déclinent tous les noms masculins et féminins dont le
génitif singulier est en *is*, et le génitif pluriel en *um*, comme:

Dolor, loris, *la Douleur*.   Pater, tris, *le Père*.
Homo, minis, *l'Homme*.   Virgo, ginis, *la jeune Fille*.
Labor, boris, *le Travail*.   Sermo, monis, *le Discours*.
Mater, tris, *la Mère*.   Miles, litis, *le Soldat*.

Nom neutre *de la troisième déclinaison.*

SING.	Nom n.	Corpus,		le Corps.
	Gén	Corpor is,		du Corps.
	Dat	Corpor i,		au Corps.
	Acc	Corpus,		le Corps.
	Voc	ô Corpus,		ô Corps.
	Abl	Corpor e,		du Corps.
PLUR.	Nom	Corpor a,		les Corps.
	Gén	Corpor um,		des Corps.
	Dat	Corpor ibus,		aux Corps.
	Acc	Corpor a,		les Corps.
	Voc	ô Corpor a,		ô Corps.
	Abl	Corpor ibus,		des Corps.

Ainsi se déclinent les noms neutres suivans:

Caput, pitis, *la Tête*.   Pecus, coris, *le Troupeau*.
Lumen, minis, *la Lumière*.   Pectus, toris, *la Poitrine*.
Nemus, moris, *le Bois*.   Tempus, poris, *le Temps*.
Olus, leris, *le Légume*.   Vulnus, neris, *la Blessure*.

SING.	Nom f.	Av is,		l'Oiseau.
	Gén	Av is,		de l'Oiseau.
	Dat	Av i,		à l'Oiseau.
	Acc	Av em,		l'Oiseau.
	Voc	ô Av is,		ô Oiseau.
	Abl	Av e,		de l'Oiseau.
PLUR.	Nom	Av es,		les Oiseaux.
	Gén	Av ium,		des Oiseaux.
	Dat	Av ibus,		aux Oiseaux.
	Acc	Av es,		les Oiseaux.
	Voc	ô Av es,		ô Oiseaux.
	Abl	Av ibus,		des Oiseaux.

Déclinez de même:

Cædes, dis, *le Carnage*.   Mensis, sis, *le Mois*.
Collis, lis, *la Colline*.   Mons, tis, *la Montagne*.
Fons, tis, *la Fontaine*.   Nox, noctis, *la Nuit*.

QUATRIÈME DÉCLINAISON.

La quatrième Déclinaison a le génitif singulier
en *ûs* et le génitif pluriel en *uum*.

SING.	Nom *f.*	Man us,	*la Main.*
	Gén	Man ùs,	*de la Main.*
	Dat	Man ui,	*à la Main.*
	Acc	Man um,	*la Main.*
	Voc	ô Man us,	*ô Main.*
	Abl	Man u,	*de la Main.*
PLUR.	Nom	Man us,	*les Mains.*
	Gén	Man uum,	*des Mains.*
	Dat	Man ibus,	*aux Mains.*
	Acc	Man us,	*les Mains.*
	Voc	ô Man us,	*ô Mains.*
	Abl	Man ibus,	*des Mains.*

Ainsi se déclinent:

Currus, rûs, *le Char.*   Fructus tûs, *le Fruit.*
Exercitus, tûs, *l'Armée.*   Vultus, tûs, *le Visage.*

NOM NEUTRE *de la quatrième déclinaison.*

REMARQUE. Les noms neutres de la quatrième déclinaison sont
indéclinables au singulier, c'est-à-dire qu'ils ne changent point
leur dernière syllabe ; mais ils se déclinent au pluriel.

SING.	Nom *n.*	Corn u,	*la Corne.*
	Gén	Corn u,	*de la Corne.*
	Dat	Corn u,	*à la Corne.*
	Acc	Corn u,	*la Corne.*
	Voc	ô Corn u,	*ô Corne.*
	Abl	Corn u,	*de la Corne.*
PLUR.	Nom	Corn ua,	*les Cornes.*
	Gén	Corn uum,	*des Cornes.*
	Dat	Corn ibus,	*aux Cornes.*
	Acc	Corn ua,	*les Cornes.*
	Voc	ô Corn ua,	*ô Cornes.*
	Abl	Corn ibus,	*des Cornes.*

Ainsi se déclinent :

Genu, *le Genou.*   Tonitru, *le Tonnerre.*

CINQUIÈME DÉCLINAISON.

La cinquième déclinaison a le nominatif en *es*, le génitif singulier en *ei*, et le génitif pluriel en *erum*.

SING.			
Nom m. f.	Di es,		le Jour
Gén	Di ei,		du Jour.
Dat	Di ei,		au Jour.
Acc	Di em ,		le Jour.
Voc	ô Di es,		ô Jour.
Abl	Di e ,		du Jour.

PLUR.			
Nom	Di es ,		les Jours.
Gén	Di erum ,		des Jours.
Dat	Di ebus ,		aux Jours.
Acc	Di es ,		les Jours.
Voc	ô Di es ,		ô Jours.
Abl	Di ebus ,		des Jours.

Ainsi se déclinent :

Facies, ciei, *le Visage.*   Species, ciei, *l'Apparence.*
Res, rei, *la Chose.*   Spes, pei, *l'Espérance.*

REMARQUE. Les génitifs, datifs et ablatifs pluriels ne sont point usités, excepté dans *res* , *dies* et *species*.

TABLEAU GÉNÉRAL

Dans lequel on a mis sous un même coup-d'œil
toutes les Déclinaisons.

SINGULIER.

N.	Rosa,	dominus,	soror,	manus,	dies.
G.	Rosæ,	domini,	sororis ,	manûs,	diei.
D.	Rosæ,	domino,	sorori,	manui,	diei.
A.	Rosam ,	dominum,	sororem,	manum ,	diem.
V.	ô Rosa ,	domine,	soror,	manus,	dies.
A.	Rosâ,	domino,	sorore,	manu ,	die.

PLURIEL.

N.	Rosæ,	domini,	sorores,	manus,	dies.
G.	Rosarum,	dominorum,	sororum ,	manuum ,	dierum.
D.	Rosis ,	dominis,	sororibus,	manibus,	diebus.
A.	Rosas,	dominos,	sorores ,	manus ,	dies.
V.	ô Rosæ,	domini,	sorores ,	manus,	dies.
A.	Rosis ,	dominis,	sororibus,	manibus,	diebus.

1..

Remarque. Dans toutes les Déclinaisons, les datifs et ablatifs pluriels sont semblables, de même les nominatifs et vocatifs pluriels.

Dans les noms neutres, le nominatif, l'accusatif et le vocatif, tant du singulier que du pluriel, sont toujours semblables, et ces trois cas au pluriel sont toujours terminés en *a*.

RÈGLE DES NOMS

Ou manière de joindre deux Noms ensemble.

Manus *pueri*. Pour joindre ensemble deux noms en français, nous mettons *de* entre les deux, la main *de* l'enfant. En latin, on met le second au génitif : manus *pueri*.

Exemples. L'heure du jour, *hora diei*.

Le fruit de l'arbre, *fructus varboris*.

De même au pluriel :

La table des seigneurs, *mensa dominorum*.

Le livre des enfans, *liber puerorum*.

SECONDE ESPÈCE DE MOTS.

L'ADJECTIF.

L'*adjectif* est un mot que l'on ajoute au nom pour marquer la qualité d'une personne ou d'une chose, comme *bon* père, *bonne* mère, *beau* livre, *belle* image. *Bon, bonne, beau, belle*, sont des adjectifs*; ils se déclinent en latin, et ils ont les trois genres, masculin, féminin et neutre.

Il y a des adjectifs qui se rapportent à la première et seconde déclinaison, comme *bonus, bona, bonum; niger, nigra, nigrum* : la terminaison en *us* ou en *er* est pour le masculin et se décline sur *dominus* ou *puer*; *bona* est pour le féminin, et se décline sur *rosa*; *bonum* est pour le neutre, et se décline sur *templum*.

* On connaît un adjectif quand on peut y joindre le mot *chose* ou *personne*; ainsi *agréable; habile*, sont des adjectifs, parce qu'on peut dire, *chose* agréable, *personne* habile.

MODÈLE DE DÉCLINAISON.

SINGULIER.

	M.	F.	N.
Nom	Bon us,	bon a,	bon um.
	Bon,	bonne,	bon.
Gén	Bon i,	bon æ,	bon i.
Dat	Bon o,	bon æ,	bon o.
Acc	Bon um,	bon am,	bon um.
Voc	ô Bon e,	ô bon a,	ô bon um.
Abl	Bon o,	bon â,	bon o.

PLURIEL.

	M.	F.	N.
Nom	Bon i,	bon æ,	bon a,
	Bons,	bonnes,	bons.
Gén	Bon orum,	bon arum,	bon orum.
Dat	Bon is,	bon is,	bon is.
Acc	Bon os,	bon as,	bon a.
Voc	ô Bon i,	ô bon æ,	ô bon a,
Abl	Bon is,	bon is,	bon is.

Ainsi se déclinent :

Sanctus, sancta, sanctum, *Saint, sainte, saint.*
Doctus, docta, doctum, *Savant, savante, savant.*
Magnus, magna, magnum, *Grand, grande, grand.*
Parvus, parva, parvum, *Petit, petite, petit.*

ADJECTIF EN ER. — SINGULIER.

	M.	F.	N.
Nom	Niger.	nigr a,	nigr um.
	Noir,	noire,	noir.
Gén	Nigr i,	nigr æ,	nigr i.
Dat	Nigr o,	nigr æ,	nigr o.
Acc	Nigr um,	nigr am,	nigr um.
Voc	ô Niger,	ô nigr a,	ô nigr um.
Abl	Nigr o,	nigr â,	nigr o,

PLURIEL.

	M.	F.	N.
Nom	Nigr i,	nigr æ,	nigr a.
	Noirs,	noires,	noirs.
Gén	Nigr orum,	nigr arum,	nigr orum.
Dat	Nigr is,	nigr is,	nigr is.

Acc		Nigr os,		nigr as,		nigr a.
Voc	ô	Nigr i,	ô	nigr æ,	ô	nigr a.
Abl		Nigr is,		nigr is,		nigr is.

Ainsi se déclinent :

Liber, libera, liberum, *Libre, libre, libre.*

Miser, misera, miserum, *Malheureux, malheureuse, malheureux.*

Piger, pigra, pigrum, *Paresseux, paresseuse, paresseux.*

Pulcher, pulchra, pulchrum, *Beau, belle, beau.*

Il y a des adjectifs de la troisième déclinaison qui n'ont qu'une seule terminaison pour les trois genres, excepté l'accusatif.*

* Remarquez bien que, dans les adjectifs français, le féminin se forme en ajoutant *e.*

SINGULIER.

M. F. N.

Nom		Prudens, *Prudent, prudente.*	
Gén		Prudent is ,	} *pour les trois genres.*
Dat		Prudent i ,	}

M.   F.   N.

Acc		Prudent em , prudens.
Voc	ô	Prudens, *pour les trois genres.*
Abl		Prudente *ou* prudenti, *pour les* 3. *g.*

PLURIEL.

M.   F.   N.

Nom		Prudent es , prudent ia , *Prudens.*	
Gén		Prudent ium ,	} *pour les trois genres.*
Dat		Prudent ibus ,	}
Acc		Prudent es , *n.* prudent ia.	
Voc	ô	Prudent es , *n.* ô prudent ia.	
Abl		Prudent ibus , *pour les trois genres.*	

Ainsi se déclinent :

Felix, cis, *Heureux, heureuse.* Velox, cis, *Prompt, prompte.* Sapiens, tis, *Sage.* Audax, cis, *Hardi, hardie, hardi.*

Il y a des adjectifs de la troisième déclinaison qui ont au nominatif deux terminaisons, comme *fortis, forte.* La première est pour le masculin et le féminin, et la seconde pour le neutre.

SINGULIER.

	M.	F.	N.
Nom	Fort is ,	fort e ,	*Courageux, courageuse.*
Gén	Fort is ,		
Dat	Fort i ,	} *pour les trois genres.*	
Acc	Fort em , *n.* fort e.		
Voc	ô Fort is , *n.* ô fort e.		
Abl	Fort i , *pour les trois genres.*		

PLURIEL.

	M.	F.	N.
Nom	Fort es ,	fort ia ,	*Courageux.*
Gén	Fort ium ,		
Dat	Fort ibus ,	} *pour les trois genres.*	
Acc	Fort es , fort ia.		
Voc	ô Fort es , *n.* ô fort ia.		
Abl	Fort ibus , *pour les trois genres.*		

Ainsi se déclinent :

Comis, come, *Poli.*   Levis., leve . *Léger.*
Facilis, facile, *Facile.*   Utilis . utile, *Utile.*

REMARQUE. Les adjectifs de la troisième déclinaison qui ont le nominatif neutre en *e* font l'ablatif en *i*, afin que l'on puisse distinguer ces deux cas.

Il y a quelques adjectifs de la troisième déclinaison qui ont trois terminaisons au nominatif et au vocatif singulier , comme :

SINGULIER.

	M.	F.	N,
Nom	Celeber ,	celebr is ,	celebr e , *Célèbre.*
Gén	Celebr is ,		
Dat	Celebr i ,	} *pour les trois genres.*	
Acc	Celebr em , *n.* celebre.		
Voc	ô Celeber , ô celebr is , *n.* ô celebr e.		
Abl	Celebr i , *pour les trois genres.*		

PLURIEL.

	M.	F.	N.
Nom	Celebr es ,	celebr ia ,	*Célèbres.*
Gén	Celebr ium ,		
Dat	Celebr ibus ,	} *de tout genre.*	
Acc	Celebr es , celebr ia.		

Voc   ô Celebr es , *n.* ô celebr ia.
Abl   Celebr ibus , *pour les trois genres.*

Ainsi se déclinent :

    Acer, acris, acre, *Vif.*
    Alacer, alacris, alacre, *Actif.*
    Celer, celeris, celere, *Prompt.*
    Saluber, salubris, salubre, *Salutaire.*

La terminaison en *er* est pour le masculin seulement ; la terminaison en *is* est pour le masculin et le féminin.

RÈGLE DES ADJECTIFS,

Ou manière de joindre un Adjectif avec un Nom.

Pater *bonus.* Tout adjectif se met au même genre, au même nombre et au même cas que le nom auquel il est joint.

EXEMPLE :

SINGULIER.

Le père	*bon ;*	*la mère*	*bonne ,*	*l'exemple bon.*
Pater	bonus,	mater	bona,	exemplum bonum.
Patris	boni,	matris	bonæ ,	exempli boni.
Patri	bono,	matri	bonæ ,	exemplo bono.
Patrem	bonum ,	matrem	bonam ,	exemplum bonum.
ô Pater	bone ,	ô mater	bona ,	ô exemplum bonum.
Patre	bono ,	matre	bonâ ,	exemplo bono.

PLURIEL.

Les pères	*bons ,*	*les mères*	*bonnes ,*	*les exemples bons.*
Patres	boni ,	matres	bonæ ,	exempla bona.
Patrum	bonorum,	matrum	bonarum,	exemplorum bonorum.
Patribus	bonis,	matribus	bonis ,	exemplis bonis.
Patres	bonos ,	matres	bonas,	exempla bona.
ô Patres	boni ,	ô matres	bonæ ,	ô exempla bona.
Patribus	bonis,	matribus	bonis ,	exemplis bonis.

AUTRE EXEMPLE.

SINGULIER.

Travail	*court ,*	*heure*	*courte ,*	*temps*	*court.*
Labor	brevis ,	hora	brevis ,	tempus	breve.
Laboris	brevis,	horæ	brevis ,	temporis	brevis.
Labori	brevi ,	horæ	brevi ,	tempori	brevi.
Laborem	brevem,	horam	brevem ,	tempus	breve.
ô Labor	brevis, ô	hora	brevis, ô	tempus	breve.
Labore	brevi,	horâ	brevi ,	tempore	brevi.

PLURIEL.

Travaux courts,	*heures*	*courtes,*	*temps*	*courts.*
Labores. breves,	horæ	breves,	tempora	brevia.
Laborum brevium,	horarum	brevium,	temporum	brevium
Laboribus brevibus,	horis	brevibus,	temporibus	brevibus.
Labores breves,	horas	breves,	tempora	brevia.
ô Labores breves,	ô horæ	breves,	ô tempora	brevia.
Laboribus brevibus,	horis	brevibus,	temporibus	brevibus.

TROISIÈME ESPÈCE DE MOTS.

LE PRONOM.

Le *pronom* est un mot qui tient la place du nom.

PRONOMS PERSONNELS.

Il y a trois personnes : la première personne est celle qui parle ; la seconde est celle à qui l'on parle ; la troisième est celle de qui l'on parle.

Pronom de la première personne.

SINGULIER.

Nom	Ego , *je ou moi.*
Gén	Meî., *de moi.*
Dat	Mihi, *à moi.*
Acc	Me , *moi.*

Il n'a pas de vocatif.

Abl	Me , *de moi.*

PLURIEL.

Nom	Nos , *nous.*
Gén	Nostrûm *ou* nostri , *de nous.*
Dat	Nobis , *à nous.*
Acc	Nos , *nous.*
Abl	Nobis , *de nous.*

Pronom de la seconde personne.

SINGULIER.

Nom	Tu , *tu ou toi.*
Gén	Tuî, *de toi.*
Dat	Tibi , *à toi.*
Acc	Te , *toi.*

Voc	ô Tu, *ô toi.*
Abl	Te, *de toi.*

PLURIÈL.

Nom	Vos, *vous.*
Gén	Vestrûm *ou* vestrî, *de vous.*
Dat	Vobis, *à vous.*
Acc	Vos, *vous.*
Voc	ô Vos, *ô vous.*
Abl	Vobis, *de vous.*

Pronom de la troisième personne.

Il n'a pas de nominatif ; il est de tout genre , et le même au pluriel qu'au singulier.

SINGULIER ET PLURIEL.

Gén	Suî, *de soi, de lui-même, d'eux-mêmes ou d'elles-mêmes.*
Dat	Sibi, *à soi, à lui-même, à eux-mêmes, à elles-mêmes.*
Voc	Se, *se, soi, lui-même, eux-mêmes, elles-mêmes,*
Abl	Se, *de soi, d'eux-mêmes, d'elles-mêmes.*

PRONOMS ADJECTIFS. — SINGULIER.

	M. F. N.
Nom	Is, ea, id, *il, elle, ce.*
Gén	Ejus, *de lui, d'elle.*
Dat	Ei, *à lui, à elle.*
Acc	Eum, eam, id, *le, la, le.*
Abl	Eo, eâ, eo, *de lui, d'elle.*

PLURIEL.

Nom	Ii *ou* ei, eæ, ea, *ils, elles.*
Gén	Eorum, earum, eorum, *d'eux, d'elles.*
Dat	Iis *ou* eis, *à eux, à elles.*
Acc	Eos, eas, ea, *les, eux, elles.*
Abl	Iis *ou* eis, *d'eux, d'elles.*

AUTRE. — SINGULIER.

	M. F. N.
Nom	Hic, hæc, hoc, *celui-ci, celle-ci, cela.*
Gén	Hujus, } *de tout genre.*
Dat	Huic, }

Acc	Hunc, hanc, hoc.
Abl	Hoc, hâc, hoc.

PLURIEL.

Nom	Hi, hæ, hæc, *ceux-ci, celles-ci, ces choses.*
Gén	Horum, harum, horum.
Dat	His, *de tout genre.*
Acc	Hos, has, hæc.
Abl	His, *de tout genre.*

AUTRE. — SINGULIER.

M.   F.   N.

Nom	Ille, illa, illud, *celui-là, celle-là, cela.*
Gén	Illius,
Dat	Illi, } *de tout genre.*
Acc	Illum, illam, illud.
Abl	Illo, illâ, illo.

PLURIEL.

Nom	Illi, illæ, illa, *ceux-là, celles-là, ces choses.*
Gén	Illorum, illarum, illorum.
Dat	Illis, *de tout genre.*
Acc	Illos, illas, illa.
Abl	Illis, *de tout genre.*

AUTRE. — SINGULIER.

M.   F.   N.

Nom	Ipse, ipsa, ipsum, *moi, toi,* ou *lui-même, elle-même, cela même.*
Gén	Ipsius,
Dat	Ipsi, } *de tout genre.*
Acc	Ipsum, ipsam, ipsum.
Abl	Ipso, ipsâ, ipso.

PLURIEL.

Nom	Ipsi, ipsæ, ipsa.
Gén	Ipsorum, ipsarum, ipsorum.
Dat	Ipsis, *de tout genre.*
Acc	Ipsos, ipsas, ipsa.
Abl	Ipsis, *de tout genre.*

AUTRE. — SINGULIER.

	F.	N.

Nom   Idem, eadem, idem, *le même, la même, le même.*

Gén   Ejusdem,   } *de tout genre.*
Dat   Eidem,

Acc   Eumdem, eamdem, idem.
Abl   Eodem, eâdem, eodem.

PLURIEL.

Nom   Iidem, cædem, eadem, *les mêmes.*
Gén   Eorumdem, earumdem, eorumdem.
Dat   Iisdem *ou* eisdem, *de tout genre.*
Acc   Eosdem, easdem, eadem.
Abl   Iisdem *ou* eisdem, *de tout genre.*

PRONOMS POSSESSIFS. — SINGULIER.

	M.	F.	N.

Nom   Meus, mea, meum, *mon, ma, mon; le mien, la mienne, le mien.*

Gén   Mei, meæ, mei.
Dat   Meo, meæ, meo.
Acc   Meum, meam, meum.
Voc   ô Mi, ô mea, ô meum.
Abl   Meo, meâ, meo.

PLURIEL.

Nom   Mei, meæ, mea, *mes, les miens, les miennes, les miens.*
Gén   Meorum, mearum, meorum.
Dat   Meis, *de tout genre.*
Acc   Meos, meas, mea.
Voc   ô Mei, ô meæ, ô mea.
Abl   Meis, *de tout genre.*

Ainsi se déclinent :

Tuus, a, um, *ton, ta, ton; le tien, la tienne, le tien.*
Suus, a, um, *son, sa, son; le sien, la sienne, le sien.*
Et Cujus, a, um, *à qui?* mais ils n'ont point de vocatif.

SINGULIER.

	M.	F.	N.
Nom	Noster , nostra , nostrum , *notre , le nôtre , la nôtre , le nôtre.*
Gén	Nostri , nostræ , nostri.
Dat	Nostro , nostræ , nostro.
Acc	Nostrum , nostram , nostrum.
Voc	ô Noster , ô nostra , ô nostrum.
Abl	Nostro , nostrâ , nostro.

PLURIEL.

Nom	Nostri, nostræ, nostra, *nos, les nôtres.*
Gén	Nostrorum , nostrarum , nostrorum.
Dat	Nostris , *de tout genre.*
Acc	Nostros , nostras , nostra.
Voc	ô Nostri , ô nostræ , ô nostra.
Abl	Nostris , *de tout genre.*

Déclinez de même : Vester , vestra , vestrum , *votre , le vôtre* , etc.

RÈGLE. Les pronoms adjectifs, quand ils sont joints à un nom, s'accordent avec ce nom en genre, en nombre et en cas. *Exemple* : Mon père , *pater meus* ; ma mère, *mater mea* ; mon bras , *brachium meum*.

PRONOMS RELATIFS. —SINGULIER.

	M.	F.	N.
Nom	Qui, quæ, quod, *qui, lequelle, laquelle,*
Gén	Cujus ,
Dat	Cui , *de tout genre.*
Acc	Quem , quam , quod.
Abl	Quo , quâ , quo.

PLURIEL.

Nom	Qui , quæ , quæ , *qui , lesquelles , lesquels.*
Gén	Quorum , quarum , quorum.
Dat	Quibus *et* queis , *de tout genre.*
Acc	Quos , quas , quæ.
Abl	Quibus *et* queis , *de tout genre.*

RÈGLE DU QUI RELATIF,

Ou manière de joindre le QUI relatif avec le Nom ou Pronom qui est devant, et que l'on appelle ANTÉCÉDENT.

On fait accorder en latin, *qui*, *quæ*, *quod*, en genre et en nombre, avec son antécédent.

Ex: Le père qui, *pater qui*, la mère qui, *mater quæ*, le temple qui, *templum quod.*[*]

Composés de QUI. Dans les composés de *qui* on décline seulement *qui* les autres syllabes restent les mêmes.

M.	F.	N.

N. Quicumque, quæcumque, quodcumque, *qui-conque.*

G. Cujuscumque. D. Cuicumque, *de tout genre.*

	M.	F.	N.

AUTRE. N. Quidam, quædam, quoddam *et* quid-dam, *un certain.*

G. Cujusdam. D. Cuidam, *de tout genre.*

	M.	F.	N.

AUTRE. N. Quilibet, quælibet, quodlibet *et* quidlibet, *qui l'on voudra.*

G. Cujuslibet. D. Cuilibet. *De même* Quivis, quæ-vis, quodvis. G. Cujusvis. D. Cuivis.

[*] Les pronoms, *hic*, *is*, *ille*, *ipse*, *iste*, s'accordent aussi en genre et en nombre avec le nom dont ils tiennent la place ; ainsi en parlant de la tête nous disons *elle*, parce que *tête* est du féminin ; en latin il faut mettre *illud*, parce que *caput* est du neutre.

QUI INTERROGATIF, QUIS?

SINGULIER.

M.	F.	N.

N. Quis, quæ, quid, (*et* quod *avec un nom*) *qui*, *quel*, *quelle*, *quoi.*

G. Cujus, } *de tout genre.*
D. Cui,

A. Quem, quam, quid, (*et* quod *avec un nom.*)

A. Quo, quâ, quo.

PLURIEL.

M. F. N.

N. Qui, quæ, qùæ, *qui, quels, quelles.*
G. Quorum, quarum, quorum.
D. Quibus, *de tout genre.*
A. Quos, quas, quæ.
A. Quibus, *de tout genre.*

COMPOSÉS DE QUIS.

On décline seulement *quis*; les autres syllabes restent les mêmes.

M. F. N.

N. Quisnam, quænam, quodnam *et* quidnam, *quel, quelle, quelle chose.*
G. Cujusnam. D. Cuinam, *de tout genre.*

M. F. N.

N. Quispiam, quæpiam, quodpiam, quidpiam, *quelqu'un, quelqu'une, quelque chose.*
G. Cujuspiam. D. Cuipiam. *De même.* N. Quisquam, quæquam, quodquam, quidquam.
G. Cujusquam. D. Cuiquam, *de tout genre.*

M. F. N.

N. Quisque, quæque, quodque *et* quidque, *chacun, chacune, chaque chose.*
G. Cujusque. D. Cuique, *de tout genre.*
N. Quisquis, *mascul.*, quidquid, *neut.*, *qui que ce soit, tout ce qui.*
Il n'a que les cas suivans : Dat. sing. Cuicui. Abl. Quoquo. Acc. Plur. Quosquos.

Dans les deux composés suivans, *quis* est à la fin du mot, et les cas neut. au plur. sont en *a*.
Aliquis, aliqua, aliquod *et* aliquid, *quelque, quelqu'une, quelque chose.*
G. Alicujus. D. Alicui. *Devant un nom de choses qui se comptent, on dit au pluriel* Aliquot (*indéclinable*).
N. Ecquis, ecquæ, ecquod *et* ecquid, *quel, quelle, quoi.*

G. Eccujus. D. Eccui.

Dans Unusquisque , *chacun ,· on décline* unus
   et quisque.

N. Unusquisque, unaquæque, unumquodque.
G. Uniuscujusque. D. Unicuique. Ac. Unumquem-
   que , unamquamque, unumquodque. Ab.
   Unoquoque , unâquâque , unoquoque.

SUPPLÉMENT AUX DÉCLINAISONS.

PREMIÈRE DÉCLINAISON.

1.° Il y a huit noms de la première déclinaison qui ont le datif
et l'ablatif pluriel en *abus* , comme :

PLUR.			
Nom		Famul æ ,	*les Servantes.*
Gén		Famul arum ,	*des Servantes.*
Dat		Famul abus ,	*aux Servantes.*
Ace		Famul as ,	*les Servantes.*
Voc	ô	Famul æ ,	*ô Servantes.*
Abl		Famul abus ,	*des Servantes.*

Déclinez de même *anima , equa , filia , asina , mula , nata ,
dea* : par cette terminaison en *abus* l'on distingue ces noms féminins des masculins qui y répondent, *famulus , animus , equus ,
filius , asinus , mulus , natus , Deus.*

2.° Il y a des noms de la première déclinaison dont le nominatif
est en *e* , qui font au génitif *es* , à l'accusatif *en* , comme :

SING.			
Nom		Music e ,	*la Musique.*
Gén		Music es ,	*de la Musique.*
Dat		Music æ ,	*à la Musique.*
Acc		Musi cen ,	*la Musique.*
Voc	ô	Music e ,	*ô Musique.*
Abl		Music e ,	*de la Musique.*

Déclinez de même *grammatice , ces* , la grammaire ; *epitome ,
es* , abrégé ; *Cybele , es* , Cybèle , déesse des païens , *rhetorice ,
ces* , la rhétorique.

3.° Il y a des noms dont le nominatif est en *es* , qui font au génitif *æ* , à l'accusatif *en* , comme :

SING.		
Nom	Comet es ,	*la Comète·*
Gén	Comet æ ,	*de la Comète·*

Dat	Comet æ,	à la Comète.
Acc	Comet en,	la Comète.
Voc	ô Comet e,	ô Comète.
Abl	Comet e,	de la Comète.

4° Il y a des noms dont le nominatif est en *as*, qui font à l'accusatif *an*, comme :

SING.	Nom	Æne as,	Enée (nom d'hom.)
	Gén	Æne æ,	d'Enée.
	Dat	Æne æ,	à Enée.
	Acc	Æne an,	Enée
	Voc	ô Æne a,	ô Enée.
	Abl	Æne â,	d'Enée.

Le pluriel de tous ces noms se décline comme *rosæ*, *rosarum* ; mais les noms propres n'ont pas de pluriel.

REMARQUE. Le nom *familia* fait aussi au génitif *familiâs* ; un père de famille, *pater familiâs* ; un fils de famille, *filius-familiâs*.

SECONDE DÉCLINAISON.

Il y a des noms de la seconde déclinaison qui ont le vocatif en *i*, comme :

SING.	Nom	Fil ius,	le Fils.
	Gén	Fil ii,	du Fils. (Le pl. comme
	Dat	Fil io,	au Fils. Domini, Do-
	Acc	Fil ium,	le Fils. minorum.)
	Voc	ô Fil i,	ô Fils.
	Abl	Fil io,	du Fils.

Déclinez de même *Genius*, et les noms propres en *ius*, Antonius, nii, *Antoine* ; Horatius, tii, *Horace* ; Pompeius, peii, *Pompée* ; Virgilius, lii, *Virgile*.

Les noms *Deus*, *Agnus* et *Chorus*, ont le vocatif semblable au nominatif.

SING.	Nom	De us,	Dieu.
	Gén	De i,	de Dieu.
	Dat	De o,	à Dieu.
	Acc	De um,	Dieu.
	Voc	ô De us,	ô Dieu.
	Abl	De o,	de Dieu.

LE PLURIEL (chez les païens).

PLUR.	Nom	Di i,	les Dieux.
	Gén	De orum,	des Dieux.
	Dat	Di is,	aux Dieux.
	Acc	De os,	les Dieux.
	Voc	ô Di i,	ô Dieux.
	Abl	Di is,	des Dieux.

NOM DE LA SECONDE DÉCLINAISON (t'ré du grec),

SING.	Nom	Orph eus,	Orphée (nom d'hom-
	Gén	Orph ei ou Orph eos,	d'Orphée. me.
	Dat	Orph eo,	à Orphée.
	Acc	Orph eum, Orph eon, Orph ea,	Orphée.
	Voc	ô Orph eu,	ô Orphée.
	Abl	Orph eo,	d'Orphée.

Déclinez de même *Perseus*, Persée; *Theseus*, Thésée; *Morpheus*, Morphée,

---

TROISIÈME DÉCLINAISON.

Il y a des noms de la troisième déclinaison qui ont l'accusatif singulier en *im*, comme :

SING.	Nom	Secur is,	la hache.
	Gén	Secur is,	de la hache.
	Dat	Secur i,	à la hache.
	Acc	Secur im,	la hache.
	Voc	ô Secur is,	ô hache.
	Abl	Secur i,	de la hache.

Déclinez de même *sitis*, la soif; *tussis*, la toux; *pelvis*, un bassin; *vis*, la force, les noms de fleuves en *is*, comme *Tiberis*, le Tibre; *Tigris*, le Tigre; *Araris*, la Saône.

Les noms *clavis*, *sementis*, ont l'accusatif en *em* ou *im*. *Puppis*, *aqualis*, *restis*, *febris*, *turris*, font plutôt à l'accusatif *puppim* que *puppem*, etc. Au contraire, *navis*, *strigilis*, font plutôt *navem*, que *navim*, etc.

L'ablatif singulier de la troisième déclinaison se forme de l'accusatif en retranchant *m*. Ainsi

y a des noms de la troisième déclinaison qui font l'ablatif singulier en *i*, comme *securi*, *siti*, etc.

De plus, les noms neutres dont le nominatif est en *e*, ou en *al* ou en *ar*, font l'ablatif singulier en *i*, comme

SING.			
Nom		Cubil e,	*le lit.*
Gén		Cubil is,	*du lit.*
Dat		Cubil i,	*au lit.*
Acc		Cubil e,	*le lit.*
Voc	ô	Cubil e,	*ô lit.*
Abl		Cubil i,	*du lit.*

Les noms neutres qui ont l'ablatif en *i*, ont le pluriel en *ia*, comme :

PLUR.			
Nom		Cubil ia,	*les lits.*
Gén		Cubil ium,	*des lits.*
Dat		Cubil ibus,	*aux lits.*
Acc		Cubil ia,	*les lits.*
Voc	ô	Cubil ia,	*ô lits.*
Abl		Cubil ibus,	*des lits.*

Il y a des noms de la troisième déclinaison qui ont le génitif pluriel en *ium*, savoir :

1° Les noms qui ont l'ablatif singulier en *i*, comme *cubilium*, *securium*, etc.

2° Les noms en *es* et en *is* qui n'ont pas plus de syllabes au génitif qu'au nominatif, comme *clades*, *cladis*, *mensis*, *mensis*, etc., ont le génitif pluriel en *ium*, quoiqu'ils aient l'ablatif en *e*.

3° Les monosyllabes, c'est-à-dire ceux qui n'ont qu'une seule syllabe au nominatif, comme *ars*, *lis*, *dos*, *nox*, etc., ont la plupart le génitif pluriel en *ium*.

L'usage apprendra les exceptions.

Les noms neutres terminés en *ma* ont un double datif et ablatif pluriels.

SING.			
Nom		Poem a,	*le poème.*
Gén		Poem atis,	*du poème.*
Dat		Poem ati,	*au poème.*

Acc		Poem a	*le poème.*
Voc	ô	Poem a ,	*ô poème.*
Abl		Poem ate ,	*du poème.*
PLUR. *Nom*		Poem ata ,	*les poèmes.*
Gén		Poem atum ,	*des poèmes.*
Dat		Poem atis *ou* Poem atibus, *aux poèmes.*	
Acc		Poem ata ,	*les poèmes.*
Voc	ô	Poem ata ,	*ô poèmes.*
Abl		Poem atis *ou* Poem atibus, *des poèmes.*	

Déclinez ainsi *œnigma* , *matis*, énigme ; *diadema* , *matis* , diadème ; *dogma* , *dogmatis* , dogme ; *stratagema* , *matis* , stratagème.

Le nom *bos,bovis,* fait au pluriel : nom m., *boves,* génitif, *boum,* datif, *bobus,* accusatif, *boves,* vocatif, *ô boves* , ablatif, *bobus.*

NOMS DE LA TROISIÈME DÉCLINAISON , tirés du grec, en ESIS , ISIS.

SING. *Nom*		Hæres is ,	*l'Hérésie.*
Gén		Hæres is *ou* Hæres eos, *de l'Hérésie.*	
Dat		Hæres i ,	*à l'Hérésie.*
Acc		Hæres im *ou* Hæres in , *l'Hérésie.*	
Voc	ô	Hæres is ,	*ô Hérésie.*
Abl		Hæres i ,	*de l'Hérésie.*
PLUR. *Nom*		Hæres es ,	*les Hérésies.*
Gén		Hæres eon ,	*des Hérésies.*
Dat		Hæres ibus	*aux Hérésies.*
Acc		Hæres es	*les Hérésies.*
Voc	ô	Hæres es ,	*ô Hérésies.*
Abl.		Hæres ibus ,	*des Hérésies.*

Ainsi se déclinent *poesis* , la poésie ; *thesis* , la thèse ; *Genesis* la Genèse ; *phrasis* , la phrase.

AUTRE NOM.

SING. *Nom*		Her os ,	*le Héros.*
Gén		Her ois ,	*du Héros.*
Dat		Hor oi ,	*au Héros.*
Acc		Her oem *ou* Her oa , *le Héros.*	
Voc	ô	Her os ,	*ô Héros.*
Abl		Her oe ,	*du Héros.*
PLUR. *Nom*		Her oes ,	*les Héros.*
Gén		Her oum ,	*des Héros.*

Dat	Her oibus,	aux Héros.
Acc	Her oes *ou* Her oas,	les Héros.
Voc	ô Her oes,	ô Héros.
Abl	Her oibus,	des Héros.

Ainsi se déclinent les noms grecs, 1° en *as*, comme *Pallas* *Palladis*, acc. *adem* ou *ada*; *Arcas*, *Arcadis*, acc. *adem* ou *ada* 2° En *er*, *aër*; *aëris*, l'air, acc. *aërem* ou *aëra*; *œther*, *œtheris* acc. *œtherem* ou *œthera*; *crater*, *crateris*, coupe, acc. *craterem* ou *cratera* 3° En *is*, *idis*, comme *Iris*, *Iridis*, arc-en-ciel, acc. *Iridem* ou *Irida*; on dit aussi *Irim*; *Phyllis*, *lidis*, nom de femme, acc. *Phyllidem*, ou *ida*. Mais les noms masculins en *is*, *idis*, font mieux *im* ou *in*, comme *Daphnis*, acc. *Daphnim* ou *Daphnin*; *Paris*, acc. *Parim* ou *Parin*. *Tigris*, *Tigridis*, le Tigre, *fait* à l'accusatif *Tigrin*, *Tigrim* ou *Tigridem*. 4° En *yx*, *ygis*: *Phryx*, *Phrygis*, Phrygien, acc. *Phrygem* ou *Phryga*. 5° Les noms de pays, *o*, *onis*, comme *Macedo*, *Macedonis*, Macédonien, acc. *Macedonem* ou *Macedona*.

REMARQUE. Les accusatifs singuliers en *a* ne se disent guère qu'en poésie; mais les accusatifs pluriels en *as* sont plus usités partout.

QUATRIÈME DÉCLINAISON.

Jesus, nom de notre Sauveur, fait à l'accusatif *Jesum*, et à tous les autres cas il fait *Jesu*.

Les neuf noms suivans font *ubus* au datif et à l'ablatif pluriels: *arcus*, un arc, *arcubus*; *artus*, les membres du corps, *artubus*; *lacus*, un lac, *lacubus*; *tribus*, une tribu, *tribubus*; *portus*, un port, *portubus*; *quercus*; un chêne, *quercubus*; *specus*, une caverne, *specubus*; *partus*, l'enfantement, *partubus*; *veru*, une broche, *verubus*.

NOMS IRRÉGULIERS.

Nom	Dom us,	la Maison.
Gén	Dom ûs *et* Dom i,	de la Maison.
Dat	Dom ui *et* Dom o,	à la Maison.
Acc	Dom um,	la Maison.
Voc	ô Dom us,	ô Maison.
Abl	Dom o,	de la Maison.

PLUR.	Nom	Dom us ,	les Maisons.
	Gén	Dom orum *et* Do-	des Maisons.
		muum ,	
	Dat	Dom ibus ,	aux Maisons
	Acc	Dom os *et* Dom us ,	les Maisons.
	Voc	ô Dom us ,	ô Maisons.
	Abl	Dom ibus ,	des Maisons.

L'usage apprendra les autres exceptions.

REMARQUE SUR LES NOMS COMPOSÉS.

Si le nom est composé de deux nominatifs, chaque nom se décline dans tous les cas. Ex. Respublica, *la République*, G. Reipublicæ, D. Reipublicæ, Acc. Rempublicam , Abl. Republicâ. *De même* jusjurandum, jurisjurandi, jurijurando.

Mais si le nom est composé d'un nominatif et d'un autre cas, on ne décline que celui qui est au nominatif. Ex. pater-familiâs, G. patris-familiâs , D. patri-familiâs.

NOMS DE NOMBRE.

Les noms de nombre servent à compter ou à ranger les choses.

Il y a deux sortes de noms de nombre : le *Nombre Cardinal* marque simplement le nombre , comme *unus, duo, tres,* un, deux, trois ; le *Nombre Ordinal* marque l'ordre et le rang de chaque chose ; comme *primus, secundus, tertius,* le premier, le second, le troisième.

NOMBRES CARDINAUX.

SING	Nom	Unus, una, unum, *Un, une, un.*
	Gén	Unius, ⎱ de tous genres.
	Dat	Uni, ⎰
	Acc	Unum, unam ; unum.
	Abl	Uno, unâ, uno.

REMARQUE. Ainsi se déclinent :

1° Ullus, ulla, ullum, *aucun, aucune,* sans négation. G. ullius, D. ulli, Acc. ullum, ullam, ullum, Abl. ullo, ullâ, ullo.

2° Nullus, nulla, nullum, *aucun, aucune, pas un,* G. nullius, etc.

3° Solus, sola, solum, *seul, seule,* Gén. solius, Dat. soli Acc. solum, solam, solum, Abl. solo, solâ, solo.

4° Totus, tota, totum, *tout, toute,* G. totius, D. toti, etc.

5° Alius, alia, aliud, *autre,* G. alius, D. alii.

6° Alter, altera, alterum, *autre,* G. alterius, D. alteri.

7° Uter, utra, utrum, *lequel des deux,* G. utrius, D. utri.

Neuter, neutra, neutrum, *ni l'un ni l'autre,* G. neutrius, D. neutri.

Uterque, utraque, utrumque, *l'un et l'autre,* G. utriusque, D. utrique.

Alteruter, alterutra, alterutrum, *l'un ou l'autre,* G. alterutrius, D. alterutri.

PLUR. *Nom* Duo, duæ, duo,   *deux.*
        Gén Duorum, duarum, duorum, *de deux.*
        Dat Duobus, duabus, duobus, *à deux.*
        Acc Duos *ou* duo, duas, duo, *deux.*
        Abl Duobus, duabus, duobus, *de deux.*

Ainsi se décline *ambo, ambœ, ambo,* les deux, tous deux.

PLUR. *Nom* Tres, tres, tria,   *trois.*
        Gén Trium,   *de tout genre.*
        Dat Tribus,   *de tout genre.*
        Acc Tres, tres, tria,   *trois.*
        Abl Tribus,   *de tout genre.*

Les autres noms de nombre jusqu'à cent*, sont indéclinables : *quatuor,* quatre; *quinque,* cinq ; *sex,* six ; *septem,* sept; *octo,* huit ; *novem,* neuf.

* Au-dessous de *cent,* quand il y a deux mots pour exprimer un nombre, le moindre nombre se met le premier : ainsi l'on dit *unus et viginti, duo et viginti, tres et viginti,* etc.

SUPPLEMENT AUX ADJECTIFS.

On distingue dans les adjectifs et les adverbes trois degrés de signification, le *positif,* le *comparatif* et le *superlatif.* Le positif n'est autre chose que l'adjectif ou l'adverbe simple; comme saint, saintement, *sanctus, sanctè.*

Le comparatif est la signification de l'adjectif ou de l'adverbe dans un plus haut degré comme *plus* saint, *plus* saintement, *sanctior*, *sanctiùs*. On connaît le comparatif, quand il y a *plus* devant un adjectif ou un adverbe.

Le superlatif est la signification de l'adjectif ou de l'adverbe dans le plus haut degré, comme *le plus* saint, *le plus* saintement, *sanctissimus*, *sanctissimè*.

On connaît le superlatif quand devant un adjectif ou un adverbe il y a *le plus*, *la plus*, *bien*, *très*, *fort*, etc. C'est encore un superlatif quand devant *plus* il y a *mon*, *ton*, *son*, *notre*, *votre*, comme *mon plus* fidèle ami.

Le comparatif latin se forme du cas de l'adjectif terminé en *i*, auquel on ajoute *or* pour le masculin et le féminin, et *us* pour le neutre et pour le comparatif adverbe : ainsi du génitif *sancti*, on formera *sanctior*, masculin et féminin ; *sanctius*, neutre ; du datif *forti*, on formera *fortior*, masculin et féminin, *fortius*, neutre ; *sanctior* se décline sur *soror*, et *sanctius* comme *corpus*.

Le superlatif latin se forme aussi du cas de l'adjectif terminé en *i*, auquel on ajoute *ssimus*, *ssima*, *ssimum*, et pour le superlatif adverbe, on ajoute *ssimè* : ainsi du génitif *sancti*, on formera *sanctissimus*, *a*, *um*, et *sanctissimè* ; du dat. *forti*, on formera *fortissimus*, *a*, *um*, et *fortissimè*.

OBSERVATIONS.

1º Les adjectifs en *er* forment leur superlatif du nominatif masculin en ajoutant *rimus* : *pulcher*, *pulcherrimus*, *rima*, *rimum*.

2º Quelques adjectifs en *lis*, comme *facilis*, *difficilis*, *humilis*, *similis*, *gracilis*, *imbecillis*, forment leur superlatif en *illimus*, comme *facilis*, *facillimus* ; (mais *utilis* fait *utilissimus*, régulièrement.)

3° Les adjectifs en *dicus*, *ficus*, *volus*, comme *maledicus*, *mirificus*, *benevolus*, forment leur comparatif en *entior*, et leur superlatif en *entissimus*. Ex. *Maledicus*, Comp. *maledicentior*, Sup. *maledicentissimus*; *Benevolus*, Comp. *benevolentior*, Sup. *benevolentissimus*.

4° Les quatre adjectifs suivans forment leurs comp. et superl. très-irrégulièrement : *bonus*, bon, *melior*, meilleur, *optimus*, très-bon ; *malus* mauvais, *pejor*, pire, *pessimus*, très-mauvais; *magnus*, grand, *major*, plus grand, *maximus*, très-grand ; *parvus*, petit, *minor*, plus petit, *minimus*, très-petit.

REMARQUE. Les adjectifs terminés en *ius*, *eus*, *uus*, n'ont ni comparatif ni superlatif; alors on exprime *plus* par *magis*, avec le positif, et *le plus* par *maximè*. *Pius*, pieux, *magis pius*, plus pieux, *maximè pius*, très-pieux.

RÈGLE DES COMPARATIFS.

DOCTIOR PETRO.

Le comparatif veut à l'ablatif le nom qui suit, en supprimant le *que*; plus savant que Pierre, *doctior Petro*. On peut aussi exprimer le *que* par *quàm*, et mettre après le même cas que devant, Paul est plus savant que Pierre, *Paulus est doctior quàm Petrus*.

RÈGLE DES SUPERLATIFS.

ALTISSIMA ARBORUM, *ou* EX ARBORIBUS, *ou* INTER ARBORES.

Le superlatif veut le nom pluriel suivant au génitif ou à l'ablatif avec *e* ou *ex*, ou à l'accusatif avec *inter*.

Ex. Le plus haut des arbres, *altissima arborum*, ou *ex arboribus*, ou *inter arbores*.

REMARQUE. Le superlatif prend le genre du nom *pluriel* qui suit : *altissima* est du féminin, parce que son régime *arborum* est du féminin.

QUATRIÈME ESPÈCE DE MOTS.

LE VERBE.

Le mot dont on se sert pour exprimer que l'on est, ou que l'on fait quelque chose, s'appelle *verbe* : ainsi le mot *être*, je *suis*, etc., est un verbe, le mot *lire*, je *lis*, est un verbe.

On connaît un verbe en français quand on peut y ajouter les pronoms, *je*, *tu*, *il*, *nous*, *vous*, *ils* ou *elles*, comme *je lis*, *tu lis*, *il lit*, *nous lisons*, *vous lisez*, *ils lisent.*

Ces mots *je*, *nous*, marquent la première personne, c'est-à-dire celle qui parle.

Ces mots *tu*, *vous*, marquent la seconde personne, c'est-à-dire celle à qui l'on parle.

Ces mots *il*, *elle*, *ils*, *elles*, et tout nom mis devant un verbe, marquent la troisième personne, c'est-à-dire celle de qui l'on parle.

Il y a dans les verbes deux nombres, le singulier, quand on parle d'une seule personne, comme *l'enfant dort*, et le pluriel, quand on parle de plusieurs personnes, comme *les enfans dorment.*

Il y a trois temps, le présent, qui marque que la chose se fait actuellement, comme *je lis* ; le passé ou prétérit, qui marque que la chose a été faite, comme *j'ai lu* ; le futur, qui marque que la chose se fera comme, *je lirai.*

On distingue trois sortes de prétérits ou passés, savoir : l'imparfait, *je lisais* ; le parfait, *j'ai lu*, et le plusque-parfait, *j'avais lu.*

Il y a aussi deux futurs, le futur simple, *je lirai*, et le futur passé, *j'aurai lu.*

Il y a quatre modes dans les verbes : 1° l'indicatif, quand on affirme que la chose se fait, ou qu'elle s'est faite, ou qu'elle se fera ; 2° l'impératif, quand on commande de la faire ; 3° le subjonctif, quand on souhaite ou qu'on doute qu'elle se fasse ;

4° l'infinitif qui exprime l'action en général, sans nombre ni personnes, comme *lire*. Ce dernier mode contient le participe, le supin et le gérondif, qui sont des mots formés du verbe.

Réciter de suite les différents modes d'un verbe avec tous leurs temps, leurs nombres et personnes, cela s'appelle *conjuguer*.

Il y a en latin quatre conjugaisons : la première fait à l'infinitif *are*, et à la seconde personne du présent de l'indicatif *as*.

La seconde conjugaison fait à l'infinitif *ere*, et la seconde personne du présent de l'indicatif *es*.

La troisième conjugaison fait à l'infinitif *ere*, et à la seconde personne du présent de l'indicatif *is*.

La quatrième conjugaison fait à l'infinitif *ire*, et à la seconde personne du présent de l'indicatif *is*.

Il faut commencer par le verbe *Sum*, je suis, que l'on appelle verbe substantif, et le verbe *Habeo*; j'ai, parce que le premier sert à conjuguer les verbes passifs, tant en français qu'en latin, et le second à conjuguer les temps passés des verbes *actifs* en français.

CONJUGAISON DU VERBE *SUM*
INDICATIF. — PRÉSENT.

Sing.	Sum,	*je suis.*
	Es,	*tu es.*
	Est,	*il est.*
Plur	Sumus	*nous sommes.*
	Estis,	*vous êtes.*
	Sunt,	*ils sont.*

IMPARFAIT.

Sing.	Er am,	*j'étais.*
	Er as,	*tu étais.*
	Er at,	*il était.*
Plur.	Er amus,	*nous étions.*
	Er atis,	*vous étiez.*
	Er ant,	*ils étaient.*

PARFAIT.

Sing. Fu i ,   *j'ai été.*
      Fu isti ,   *tu as été.*
      Fu it ,   *il a été.*
Plur. Fu imus ,   *nous avons été.*
      Fu istis ,   *vous avez été.*
      Fu erunt, ou fuêre, *ils ont été.*

Autrement pour le français : *je fus, tu fus, il fut; nous fûmes , vous fûtes , ils furent.*
Ou : *J'eus été, tu eus été, il eût été ; nous eûmes été, vous eûtes été , ils eurent été.*

PLUSQUE-PARFAIT.

Sing. Fu eram ,   *j'avais été.*
      Fu eras ,   *tu avais été.*
      Fu erat ,   *il avait été.*
Plur. Fu eramus ,   *nous avions été.*
      Fu eratis ,   *vous aviez été*
      Fu erant ,   *ils avaient été.*

FUTUR.

Sing. Ero ,   *je serai.*
      Eris ,   *tu seras.*
      Erit ,   *il sera.*
Plur. Erimus ,   *nous serons.*
      Eritis ,   *vous serez.*
      Erunt ;   *ils seront.*

FUTUR-PASSÉ.

Sing. Fu ero ,   *j'aurai été.*
      Fu eris ,   *tu auras été.*
      Fu erit   *il aura été.*
Plur. Fu erimus ,   *nous aurons été.*
      Fu eritis ,   *vous aurez été.*
      Fu erint ,   *ils auront été.*

IMPÉRATIF.

Il n'a point de première personne.

Sing. Es *ou* Esto   *sois.*
      Esto (*ille*)   *qu'il soit.*

Plur. Simus,   *soyons.*
Este *ou* estote,   *soyez.*
Sunto,   *qu'ils soient.*

SUBJONCTIF. — PRÉSENT

Sing. Sim,   *que je sois.*
Sis,   *que tu sois.*
Sit,   *qu'il soit.*
Plur. Simus,   *que nous soyons.*
Sitis,   *que vous soyez.*
Sint,   *qu'ils soient.*

IMPARFAIT.

Sing. Essem *ou* forem,   *que je fusse.*
Esses *ou* fores,   *que tu fusses.*
Esset *ou* foret.   *qu'il fût.*
Plur. Essemus,   *que nous fussions,*
Essetis,   *que vous fussiez*
Essent *ou* forent,   *qu'ils fussent.*

Autrement pour le français : *Je serais, tu serais, il serait ; nous serions, vous seriez, ils seraient.*

PARFAIT.

Sing. Fu erim,   *que j'aie été.*
Fu eris,   *que tu aies été.*
Fu erit,   *qu'il ait été.*
Plur. Fu erimus,   *que nous ayons été.*
Fu eritis.   *que vous ayez été.*
Fu erint,   *qu'ils aient été.*

PLUSQUE-PARFAIT.

Sing. Fu issem,   *que j'eusse été.*
Fu isses,   *que tu eusses été.*
Fu isset,   *qu'il eût été.*
Plur. Fu issemus,   *que nous eussions été.*
Fu issetis,   *que vous eussiez été.*
Fu issent,   *qu'ils eussent été.*

Autrement pour le français : *J'aurais été, tu aurais été, il aurait été ; nous aurions été, vous auriez été, ils auraient été.*

INFINITIF. — PRÉSENT ET IMPARFAIT.

Esse,   *être, qu'il est* ou *qu'il était.*

PARFAIT ET PLUSQUE-PARFAIT

Fu isse,   *avoir été, qu'il a* ou *qu'il avait été.*

FUTUR.

Fore (indéc.) ou   *devoir être, qu'il sera*
futurum, futuram   ou *qu'il serait.*
esse. (décl.)

FUTUR PASSÉ. (Il se décline.)

Futurum, futuram   *avoir dû être, qu'il au-*
fuisse,   *rait été* ou *qu'il eût été.*

PARTICIPE FUTUR.

Futurus, futura, *devant être, qui sera* ou
futurum,   *qui doit être.*

Ainsi se conjuguent les verbes composés de *Sum*, comme *Adesse*, être présent ; *Abesse*, être absent, *Deesse*, manquer ; *Interesse*, assister à ; *Obesse*, nuire ; *Prœesse*, présider à ; *Subesse*, être dessous, etc.

RÈGLE GÉNÉRALE POUR TOUS LES VERBES.

Ego sum. Tout verbe s'accorde en nombre et en personne avec son nominatif.

Ex. Je suis, *ego sum. Ego* est du singulier ; *sum* est aussi du sing. *Ego* est de la première personne ; *sum* est aussi de la première personne.

Vous êtes, *tu es* ; il est, *ille est* ; nous sommes, *nos sumus* : vous êtes, *vos estis* ; ils sont, *illi sunt.*

Cette règle regarde également tous les autres verbes que nous allons conjuguer.

CONJUGAISON DU VERBE *HABEO.*

INDICATIF. — PRÉSENT.

Sing. Hab eo,   *j'ai.*
       Hab es,   *tu as.*
       Hab et,   *il a.*

Plur. Hab emus, *nous avons.*
Hab etis, *vous avez.*
Hab ent, *ils ont.*

IMPARFAIT.

Sing. Hab ebam *j'avais.*
Hab ebas, *tu avais.*
Hab ebat, *il avait.*
Plur. Hab ebamus, *nous avions.*
Hab ebatis, *vous aviez.*
Hab ebant, *ils avaient.*

PARFAIT.

Sing. Habu i, *j'ai eu ou j'eus*
Habu isti, *tu as eu ou tu eus.*
Habu it, *il a eu ou il eut.*
Plur. Habu imus, *nous avons eu ou nous eûmes.*
Habu istis, *vous avez eu ou vous eûtes.*
Habu erunt *ou* habu êre,
  ils ont eu ou ils eurent.

PLUSQUE-PARFAIT.

Sing. Habu eram, *j'avais eu.*
Habu eras, *tu avais eu.*
Habu erat, *il avait eu.*
Plur. Habu eramus, *nous avions eu.*
Habu eratis, *vous aviez eu.*
Habu erant, *ils avaient eu.*

FUTUR.

Sing. Hab ebo, *j'aurai.*
Hab ebis, *tu auras.*
Hab ebit, *il aura.*
Plur. Hab ebimus, *nous aurons.*
Hab ebitis, *vous aurez.*
Hab ebunt, *ils auront.*

FUTUR PASSÉ.

Sing. Habu ero,   *j'aurai eu.*
     Habu eris,   *tu auras eu.*
     Habu erit,   *il aura eu.*
Plur. Habu erimus,   *nous aurons eu*
     Habu eritis,   *vous aurez eu.*
     Habu erint,   *ils auront eu.*

IMPÉRATIF.

Point de première personne.

Sing. Hab e *ou* Hab eto, *aie.*
     Hab eto ille,   *qu'il ait.*
Plur. Hab eamus,   *ayons.*
   Hab ete *ou* hab etote,   *ayez.*
     Hab ento,   *qu'ils aient.*

SUBJONCTIF. — PRÉSENT.

Sing. Hab eam,   *que j'aie.*
     Hab eas,   *que tu aies.*
     Hab eat,   *qu'il ait.*
Plur. Hab eamus,   *que nous ayons.*
     Hab eatis,   *que vous ayez.*
     Hab eant,   *qu'ils aient.*

IMPARFAIT.

Sing. Hab erem,   *que j'eusse ou j'aurais.*
     Hab eres,   *que tu eusses ou tu aurais.*
     Hab eret,   *qu'il eût ou il aurait.*
Plur. Hab eremus,   *que nous eussions ou nous aurions.*
     Hab eretis,   *que vous eussiez ou vous auriez.*
     Hab erent,   *qu'ils eussent ou ils auraient.*

PARFAIT.

Sing. Habu erim,   *que j'aie eu.*
     Habu eris,   *que tu aies eu.*
     Habu erit,   *qu'il ait eu.*
Plur. Habu erimus,   *que nous ayons eu.*
     Habu eritis,   *que vous ayez eu.*
     Habu erint,   *qu'ils aient eu.*

PLUSQUE-PARFAIT.

Sing. Habu issem.,   *que j'eusse eu* ou *j'aurais eu.*

Habu isses ,   *que tu eusses eu* ou *tu aurais eu.*

Habu isset,   *qu'il eût eu* ou *il aurait eu.*

Plur. Habu issemus ,   *que nous eussions eu* ou *nous aurions eu.*

Habu issetis ,   *que vous eussiez eu* ou *vous auriez eu.*

Habu issent ,   *qu'ils eussent eu* ou *ils auraient eu.*

INFINITIF. — Présent et imparfait.

Hab ere ,   *avoir.*

PARFAIT ET PLUSQUE-PARFAIT.

Hab iturum , hab-   *devoir avoir , qu'il aura ,*
ituram , hab itu-   *qu'il aura eu , qu'il*
rum esse ou fuisse,   *aurait eu.*

PARTICIPE PRÉSENT.

Hab ens, *génitif,*
hab entis ,   *ayant , qui a* ou *qui avait.*

PARTICIPE FUTUR.

Hab iturus , hab-   *qui aura* ou *qui doit*
itura, hab iturum,   **avoir.**

SUPIN.

Hab itum ,   *à avoir.*

GÉRONDIFS.

Hab endi ,   *d'avoir.*
Hab endo ,   *en ayant.*
Hab endum   *à avoir* ou *pour avoir.*

VERBES ACTIFS.

On appelle verbes actifs ceux qui sont terminés en *o* , et qui ont un passif comme *verbero* , je frappe, qui a le passif *verberor* , je suis frappé

PREMIÈRE CONJUGAISON.
ARE, *AS.*

INDICATIF. — PRÉSENT.

Sing. Am o,   *j'aime.*
Am as,   *tu aimes.*
Am at,   *il aime.*
Plur. Am amus   *nous aimons.*
Am atis,   *vous aimez.*
Am ant,   *ils aiment.*

IMPARFAIT.

Sing. Am abam,   *j'aimais.*
Am abas,   *tu aimais.*
Am abat,   *il aimait.*
Plur. Am abamus,   *nous aimions.*
Am abatis,   *vous aimiez.*
Am abant,   *ils aimaient.*

PARFAIT.

Sing. Amav i,   *j'ai aimé.*
Amav isti,   *tu as aimé.*
Amav it,   *il a aimé.*
Plur. Amav imus,   *nous avons aimé*
Amav istis,   *vous avez aimé.*
Amav erunt, *ou*
    am avêre,   *ils ont aimé.*

Autrement pour le français: *J'aimai, tu aimas, il aima, nous aimâmes, vous aimâtes, ils aimèrent.*
Ou : *J'eus aimé, tu eus aimé, il eut aimé ; nous eûmes aimé, vous eûtes aimé, ils eurent aimé.*

PLUSQUE-PARFAIT.

Sing. Amav eram,   *j'avais aimé.*
Amav eras,   *tu avais aimé.*
Amav erat,   *il avait aimé.*
Plur. Amav eramus,   *nous avions aimé.*
Amav eratis,   *vous aviez aimé.*
Amav erant,   *ils avaient aimé.*

FUTUR.

Sing.	Am abo ,	*j'aimerai.*
	Am abis ,	*tu aimeras.*
	Am abit,	*il aimera.*
Plur.	Am abimus ,	*nous aimerons*
	Am abitis ,	*vous aimerez.*
	Am abunt ,	*ils aimeront.*

FUTUR PASSÉ.

Sing.	Amav ero ;	*j'aurai aimé.*
	Amav eris ,	*tu auras aimé.*
	Amav erit ,	*il aura aimé.*
Plur.	Amav erimus ,	*nous aurons aimé.*
	Amav eritis ,	*vous aurez aimé.*
	Amav erint ;	*ils auront aimé.*

IMPÉRATIF.

Point de première personne au singulier.

Sing.	Am a *ou* am ato,	*aime.*
	Am ato *(ille)*,	*qu'il aime.*
Plur.	Am emus ,	*aimons.*
	Am ate *ou* am atote,	*aimez.*
	Am anto ,	*qu'ils aiment.*

SUBJONCTIF. — PRÉSENT.

Sing.	Am em ,	*que j'aime.*
	Am es ,	*que tu aimes.*
	Am et ,	*qu'il aime.*
Plur.	Am emus ,	*que nous aimions.*
	Am etis ,	*que vous aimiez.*
	Am ent ,	*qu'ils aiment.*

IMPARFAIT.

Sing.	Am arem	*que j'aimasse.*
	Am ares ,	*que tu aimasses.*
	Am aret ,	*qu'il aimât.*
Plur.	Am aremus ,	*que nous aimassions.*
	Am aretis ,	*que vous aimassiez.*
	Am arent ,	*qu'ils aimassent.*

Autrement pour le français : *J'aimerais, tu aimerais, il aimerait ; nous aimerions, vous aimeriez, ils aimeraient.*

Sing. Am averim,   *que j'aie aimé.*
    Am averis,   *que tu aies aimé.*
    Am averit,   *qu'il ait aimé.*
Plur. Am averimus,   *que nous ayons aimé.*
    Am averitis,   *que vous ayez aimé.*
    Am averint,   *qu'ils aient aimé.*

PLUSQUE-PARFAIT.

Sing. Amav issem,   *que j'eusse aimé.*
    Amav isses,   *que tu eusses aimé.*
    Amav isset,   *qu'il eût aimé.*
Plur. Amav issemus,   *que nous eussions aimé*
    Amav issetis,   *que vous eussiez aimé.*
    Amav issent,   *qu'ils eussent aimé.*

Autrement pour le français : *J'aurais aimé, tu aurais aimé, il aurait aimé ; nous aurions aimé, vous auriez aimé, ils auraient aimé.*

INFINITIF. — PRÉSENT ET IMPARFAIT.

Am are ,   *aimer* * *, qu'il aime* ou *qu'il aimait.*

PARFAIT ET PLUSQUE-PARFAIT.

Amav isse ,   *avoir aimé, qu'il a* ou *qu'il avait aimé.*

FUTUR (Il se décline.)

Aamt urum, amat- *devoir aimer , qu'il ai-*
  uram esse ,   *mera* ou *qu'il aimerait.*

FUTUR PASSÉ (Il se décline.)

Amat urum, amat- *avoir dû aimer, qu'il*
  uram fuisse ,   *aurait* ou *qu'il eût aimé.*

PARTICIPE PRÉSENT.

Am ans, am antis ,   *aimant, qui aime* ou *qui aimait.*

* Il y a quatre conjugaisons françaises, la première comprend tous les verbes dont l'infinitif est en *er* ; ils se conjuguent comme *aimer*.

PARTICIPE FUTUR.

Amat urus, amat- *devant aimer, qui aime-*
ura, amat urum,   *ra* ou *qui doit aimer.*

SUPIN.

Amat um,   *à aimer.*

GÉRONDIFS.

Am andi,   *d'aimer.*
Am ando,   *en aimant.*
Am andum,   *à aimer* ou *pour aimer.*

REMARQUE. Les participes se déclinent, savoir : les participes en *ans* et *ens*, comme *prudens*, et les participes en *us*, comme *bonus*, *a*, *um*.

Ainsi se conjuguent *laudare*, louer; *vituperare*, blâmer; *verberare*, frapper; *vocare*, appeler, etc.

SECONDE CONJUGAISON.

ERE, es.

INDICATIF. — PRESENT.

Sing. Mon eo   *j'avertis.*
      Mon es,   *tu avertis.*
      Mon et,   *il avertit.*
Plur. Mon emus,   *nous avertissons.*
      Mon etis,   *vous avertissez.*
      Mon ent,   *ils avertissent.*

IMPARFAIT.

Sing. Mon ebam   *j'avertissais.*
      Mon ebas,   *tu avertissais.*
      Mon ebat,   *il avertissait.*
Plur. Mon ebamus,   *nous avertissions.*
      Mon ebatis,   *vous avertissiez.*
      Mon ebant,   *ils avertissaient.*

PARFAIT.

Sing. Monu i,   *j'ai averti.*
      Monu isti,   *tu as averti*
      Monu it,   *il a averti.*

Plur. Monu imus,   *nous avons averti.*
     Monu istis,   *vous avez averti.*
     Monu erunt *ou*
     Monu êre,   *ils ont averti.*

Autrement pour le français : *J'avertis, tu avertis, il avertit; nous avertîmes vous, avertîtes, ils avertirent.*

Ou : *J'eus averti, tu eus averti, il eut averti; nous eûmes averti, vous eûtes averti, ils eurent averti.*

PLUSQUE-PARFAIT.

Sing. Monu eram,   *j'avais averti.*
     Monu eras,   *tu avais averti.*
     Monu erat,   *il avait averti.*
Plur. Monu eramus,   *nous avions averti.*
     Monu eratis,   *vous aviez averti.*
     Monu erant,   *ils avaient averti.*

FUTUR.

Sing. Mon ebo,   *j'avertirai.*
     Mon ebis,   *tu avertiras.*
     Mon ebit,   *il avertira.*
Plur. Mon ebimus   *nous avertirons.*
     Mon ebitis,   *vous avertirez.*
     Mon ebunt,   *ils avertiront.*

FUTUR PASSÉ.

Sing. Mon uero   *j'aurai averti.*
     Mon ueris   *tu auras averti.*
     Mon uerit,   *il aura averti.*
Plur. Mon uerimus,   *nous aurons averti.*
     Mon ueritis,   *vous aurez averti.*
     Mon uerint,   *ils auront averti.*

IMPERATIF.

Point de première personne.

Sing. Mon e *ou* mon eto,   *avertis.*
     Mon eto (ille),   *qu'il avertisse.*
Plur. Mon eamus,   *avertissons.*
     Mon ete *ou* mo-   *avertissez.*
     netote,   *qu'ils avertissent.*
     Mon ento,

SUBJONCTIF. — PRÉSENT.

Sing. Mon eam ,   *que j'avertisse.*
     Mon eas ,   *que tu avertisses.*
     Mon eat ,   *qu'il avertisse.*
Plur. Mon eamus ,   *que nous avertissions.*
     Mon eatis ,   *que vous avertissiez.*
     Mon eant   *qu'ils avertissent.*

IMPARFAIT.

Sing. Mon erem ,   *que j'avertisse.*
     Mon eres ,   *que tu avertisses.*
     Mon eret ,   *qu'il avertît.*
Plur. Mon eremus ,   *que nous avertissions.*
     Mon eretis ,   *que vous avertissiez.*
     Mon erent ,   *qu'ils avertissent.*

Autrement pour le français : *J'avertirais , tu avertirais , il avertirait ; nous avertirions , vous avertiriez , ils avertiraient.*

PARFAIT.

Sing. Mon uerim ,   *que j'aie averti.*
     Mon ueris ,   *que tu aies averti.*
     Mon uerit ,   *qu'il ait averti.*
Plur. Mon uerimus ,   *que nous ayons averti.*
     Mon ueritis ,   *que vous ayez averti.*
     Mon uerint ,   *qu'ils aient averti.*

PLUSQUE-PARFAIT.

Sing. Mon uissem ,   *que j'eusse averti.*
     Mon uisses ,   *que tu eusses averti.*
     Mon uisset ,   *qu'il eût averti.*
Plur. Mon uissemus ,   *que nous eussions averti.*
     Mon uissetis ,   *que vous eussiez averti.*
     Mon uissent ,   *qu'ils eussent averti.*

Autrement pour le français : *J'aurais averti, tu aurais averti, il aurait averti ; nous aurions averti, vous auriez averti, ils auraient averti.*

INFINITIF. — PRÉSENT ET IMPARFAIT.

Mon ere   *avertir*, qu'il avertît ou qu'il avertissait.*

* La seconde Conjugaison française comprend tous les verbes dont l'infinitif est terminé en *ir* ; ils se conjuguent sur *avertir.*

PARFAIT ET PLUSQUE-PARFAIT.

Mon uisse — *avoir averti , qu'il a averti , qu'il avait averti.*

FUTUR. (Il se décline.)

Moniturum , mo-nituram esse. — *devoir avertir , qu'il a-vertira ou qu'il averti-rait.*

FUTUR PASSÉ. (Il se décline.)

Mon iturum, mon-ituram fuisse, — *avoir dû avertir , qu'il aura averti, qu'il au-rait averti.*

PARTICIPE PRÉSENT.

Mon ens mon en-tis , — *avertissant , qui avertit ou qui avertissait.*

PARTICIPE FUTUR.

Mon iturus, mon-itura , mon itu-rum , — *devant avertir , qui doit ou qui devait avertir.*

SUPIN.

Mon itum — *à avertir.*

GÉRONDIFS.

Mon endi , — *d'avertir.*
Mon endo, — *en avertissant.*
Mon endum , — *à avertir ou pour aver-tir.*

Ainsi se conjuguent *docere*, instruire; *terrere*, épouvanter; *tenere* , tenir; *implere*, remplir; ce dernier fait au parfait *implevi*.

TROISIÈME CONJUGAISON.

ERE, *is.*

INDICATIF. — PRÉSENT.

Sing. Leg o , — *je lis.*
Leg is , — *tu lis.*
Leg it , — *il lit.*

Plur. Leg imus,   *nous lisons.*
      Leg itis,   *vous lisez.*
      Leg unt,   *ils lisent.*

IMPARFAIT.

Sing. Leg ebam,   *je lisais.*
      Leg ebas,   *tu lisais.*
      Leg ebat,   *il lisait.*
Plur. Leg ebamus,   *nous lisions.*
      Leg ebatis,   *vous lisiez.*
      Leg ebant,   *ils lisaient.*

PARFAIT.

Sing. Leg i,   *j'ai lu.*
      Leg isti,   *tu as lu.*
      Leg it,   *il a lu.*
Plur. Leg imus,   *nous avons lu.*
      Leg istis,   *vous avez lu.*
      Leg erunt ou leg-
        ère,   *ils ont lu.*

Autrement pour le français : *Je lus, tu lus, il lut; nous lûmes, vous lûtes, ils lurent.*

Ou : *J'eus lu, tu eus lu, il eut lu; nous eûmes lu, vous eûtes lu, ils eurent lu.*

PLUSQUE-PARFAIT.

Sing. Leg eram,   *j'avais lu.*
      Leg eras,   *tu avais lu.*
      Leg erat,   *il avait lu.*
Plur. Leg eramus,   *nous avions lu.*
      Leg eratis,   *vous aviez lu.*
      Leg erant,   *ils avaient lu.*

FUTUR.

Sing. Leg am,   *je lirai.*
      Leg es,   *tu liras.*
      Leg et,   *il lira.*
Plur. Leg emus,   *nous lirons.*
      Leg etis,   *vous lirez.*
      Leg ent,   *ils liront.*

FUTUR PASSÉ.

Sing. Leg ero,   *j'aurai lu.*
      Leg eris ,   *tu auras lu.*
      Leg erit ,   *il aura lu.*
Plur. Leg erimus,   *nous aurons lu.*
      Leg critis ,   *vous aurez lu.*
      Leg erint ,   *ils auront lu.*

IMPÉRATIF.

Point de première personne

Sing. Leg e *ou* leg ito ,   *lis.*
      Leg ito (ille) ,   *qu'il lise.*
Plur. Leg amus ,   *lisons.*
      Leg ite *ou* leg itote,   *lisez.*
      Leg unto ,   *qu'ils lisent.*

SUBJONCTIF. — PRÉSENT.

Sing. Leg am ,   *que je lise.*
      Leg as ,   *que tu lises.*
      Leg at ,   *qu'il lise.*
Plur. Leg amus ,   *que nous lisions.*
      Leg atis ,   *que vous lisiez.*
      Leg ant ,   *qu'ils lisent.*

IMPARFAIT.

Sing. Leg erem ,   *que je lusse.*
      Leg eres ,   *que tu lusses.*
      Leg eret ,   *qu'il lût.*
Plur. Leg eremus ,   *que nous lussions.*
      Leg eretis ,   *que vous lussiez.*
      Leg erent ,   *qu'ils lussent.*

Autrement pour le français : *Je lirais , tu lirais , il lirait ;
nous lirions , vous liriez , ils liraient.*

PARFAIT.

Sing. Leg erim ,   *que j'aie lu.*
      Leg eris ,   *que tu aies lu.*
      Leg erit ,   *qu'il ait lu.*
Plur. Leg erimus ,   *que nous ayons lu.*
      Leg eritis ,   *que vous ayez lu.*
      Leg erint ,   *qu'ils aient lu.*

PLUSQUE-PARFAIT.

Sing.	Leg issem,	*que j'eusse lu.*
	Leg isses,	*que tu eusses lu.*
	Leg isset,	*qu'il eût lu.*
Plur.	Leg issemus,	*que nous eussions lu.*
	Leg issetis,	*que vous eussiez lu.*
	Leg issent,	*qu'ils eussent lu.*

Autrement pour le français : *J'aurais lu, tu aurais lu, il aurait lu ; nous aurions lu, vous auriez lu, ils auraient lu.*

INFINITIF. — PRÉSENT ET IMPARFAIT.

— Leg ere,	*lire, qu'il lit ou qu'il lisait.*

PARFAIT ET PLUSQUE-PARFAIT.

Leg isse,	*avoir lu, qu'il a lu, qu'il avait lu.*

FUTUR. (Il se décline.)

Lec turum, lecturam esse,	*devoir lire, qu'il lira ou qu'il lirait.*

FUTUR PASSÉ. (Il se décline.)

Lec turum, lecturam fuisse,	*avoir dû lire, qu'il aura lu, qu'il aurait lu.*

PARTICIPE PRÉSENT.

Leg ens, leg entis,	*lisant, qui lit ou qui lisait.*

PARTICIPE FUTUR. (Il se décline.)

Lec turus, lec tura, lec turum,	*devant lire, qui doit lire ou qui devait lire.*

SUPIN.

Lec tum,	*à lire.*

GÉRONDIFS.

Leg endi,	*de lire.*
Leg endo,	*en lisant.*
Leg endum,	*à lire ou pour lire.*

Ainsi se conjuguent *vincere*, vaincre ; *occidere*, tuer ; *scribere*, écrire ; *cognoscere*, connaître, etc.

3

SECOND VERBE DE LÁ IIIᵉ CONJUGAISON.

TERMINÉ EN *IO.*

INDICATIF. — PRÉSENT.

Sing.	Accip io,	*je reçois.*
	Accip is,	*tu reçois.*
	Accip it,	*il reçoit.*
Plur.	Accip imus,	*nous recevons.*
	Accip itis,	*vous recevez.*
	Accip iunt,	*ils reçoivent.*

IMPARFAIT.

Sing.	Accip iebam,	*je recevais.*
	Accip iebas,	*tu recevais.*
	Accip iebat,	*il recevait.*
Plur.	Accip iebamus,	*nous recevions.*
	Accip iebatis,	*vous receviez.*
	Accip iebant,	*ils recevaient.*

PARFAIT.

	Accep i	*j'ai reçu...... le reste comme legi.*

PLUSQUE-PARFAIT.

	Accep eram,	*j'avais reçu..... comme leg eram.*

FUTUR.

Sing.	Accip iam,	*je recevrai.*
	Accip ies,	*tu recevras.*
	Accip iet,	*il recevra.*
Plur.	Accip iemus,	*nous recevrons.*
	Accip ietis,	*vous recevrez.*
	Accip ient,	*ils recevront.*

FUTUR PASSÉ.

Sing.	Accep ero,	*j'aurai reçu..... comme leg ero.*

IMPÉRATIF.

Il n'a point de première personne.

Sing. Accip e , ou accip-
      ito ,   *reçois.*
    Accip ito (ille) , *qu'il reçoive.*
Plur. Accip iamus ,   *recevons.*
    Accip ite , ou ac-
    cip itote ,   *recevez.*
    Accip iunto ,   *qu'ils reçoivent.*

SUBJONCTIF. — PRÉSENT.

Sing. Accip iam ,   *que je reçoive.*
    Accip ias ,   *que tu reçoives.*
    Accip iat ,   *qu'il reçoive.*
Plur. Accip iamus ,   *que nous recevions.*
    Accip iatis ,   *que vous receviez.*
    Accip iant ,   *qu'ils reçoivent.*

IMPARFAIT.

Sing. Accip erem ,   *que je reçusse.*
    Accip eres ,   *que tu reçusses.*
    Accip eret ,   *qu'il reçût.*
Plur. Accip eremus ,   *que nous reçussions.*
    Accip eretis ,   *que vous reçussiez.*
    Accip erent ,   *qu'ils reçussent.*

Autrement : *Je recevrais , tu recevrais , il recevrait ;* **nous**
recevrions , etc.

PARFAIT.

Accep erim ,   *que j'aie reçu ,* comme
        leg erim.

PLUSQUE-PARFAIT.

Accep issem ,   *que j'eusse reçu ,* comme
        leg issem.

Autrement : *J'aurais reçu , tu aurais reçu , il aurait reçu ,* etc.

INFINITIF. — PRÉSENT ET IMPARFAIT.

Accip ere ,   *recevoir* * , *qu'il reçoit* ou
        qu'il recevait.

La troisième Conjugaison française comprend tous les **verbes**
dont l'infinitif est terminé en *oir ;* ils se conjuguent sur *recevoir.*

PARFAIT ET PLUSQUE-PARFAIT.

Accĕp isse,   *avoir reçu, qu'il a reçu,*
           qu'il avait reçu.

FUTUR. (Il se décline.

Accep turum, ac- *devoir recevoir , qu'il*
   cepturam esse ,   *recevra* ou *qu'il rece-*
            vrait.

FUTUR PASSÉ. (Il se décline.)

Accep turum, ac- *avoir dû recevoir , qu'il*
   cepturam fuisse,   *aura reçu , qu'il au-*
            rait reçu.

PARTICIPE PRÉSENT.

Accip iens, accip- *recevant, qui reçoit ou*
   ientis,   *qui recevait.*

PARTICIPE FUTUR.

Accep turus, ra, *devant recevoir, qui re-*
   rum,   *cevra* ou *qui doit rece-*
            voir.

SUPIN.

Accep tum,   *à recetoir.*

GÉRONDIFS.

Accip iendi,   *de recevoir.*
Accip iendo,   *en recevant.*
Accip iendum ,   *à recevoir* ou *pour rece-*
            voir.

QUATRIÈME CONJUGAISON.

IRE, IS.

INDICATIF. — PRÉSENT.

Sing. Aud io,   *j'entends* ou *j'écoute.*
     Aud is,   *tu entends* ou *tu écoutes.*
     Aud it,   *il entend* ou *il écoute.*
Plur. Aud imus   *nous entendons* ou, *etc.*
     Aud itis,   *vous entendez.*
     Aud iunt,   *ils entendent.*

IMPARFAIT.

Sing. Aud iebam,   *j'entendais* ou *j'écoutais.*
Aud iebas,   *tu entendais.*
Aud iebat,   *il entendait.*
Plur. Aud iebamus,   *nous entendions.*
Aud iebatis,   *vous entendiez.*
Aud iebant,   *ils entendaient.*

PARFAIT.

Sing. Aud ivi,   *j'ai entendu.*
Aud ivisti,   *tu as entendu.*
Aud ivit,   *il a entendu.*
Plur. Aud ivimus,   *nous avons entendu.*
Aud ivistis,   *vous avez entendu.*
Aud iverunt, *ou*
Aud ivère,   *ils ont entendu.*

Autrement pour le français : *J'entendis, tu entendis, il enten-*
dit ; nous entendîmes, vous entendîtes, ils entendirent.

Ou : *J'eus entendu, tu eus entendu, il eut entendu; nous*
eûmes entendu, vous eûtes entendu, ils eurent entendu.

PLUSQUE-PARFAIT.

Sing. Audiv eram,   *j'avais entendu.*
Audiv eras,   *tu avais entendu.*
Audiv erat,   *il avait entendu.*
Plur. Audiv eramus,   *nous avions entendu.*
Audiv eratis,   *vous aviez entendu.*
Audiv erant,   *ils avaient entendu.*

FUTUR.

Sing. Aud iam,   *j'entendrai.*
Aud ies,   *tu entendras.*
Aud iet,   *il entendra.*
Plur. Aud iemus,   *nous entendrons.*
Aud ietis,   *vous entendrez.*
Aud ient,   *ils entendront.*

FUTUR PASSÉ.

Sing. Audiv ero,   *j'aurai entendu.*
Audiv eris,   *tu auras entendu.*
Audiv erit,   *il aura entendu.*

Plur.	Audiv erimus,	nous aurons entendu.
	Audiv eritis,	vous aurez entendu.
	Audiv erint,	ils auront entendu.

IMPÉRATIF.

Point de première personne au singulier.

Sing.	Aud i, ou aud ito,	entends.
	Aud ito (ille)	qu'il entende.
Plur.	Aud iamus,	entendons.
	Aud ite, ou aud-	
	itote,	entendez.
	Aud iunto,	qu'ils entendent.

SUBJONCTIF. — PRÉSENT.

Sing.	Aud iam,	que j'entende.
	Aud ias,	que tu entendes.
	Aud iat,	qu'il entende.
Plur.	Aud iamus,	que nous entendions.
	Aud iatis,	que vous entendiez.
	Aud iant	qu'ils entendent.

IMPARFAIT

Sing.	Aud irem,	que j'entendisse.
	Aud ires,	que tu entendisses.
	Aud iret,	qu'il entendît.
Plur.	Aud iremus,	que nous entendissions.
	Aud iretis,	que vous entendissiez.
	Aud irent,	qu'ils entendissent.

Autrement pour le français : J'entendrais, tu entendrais, il en-
tendrait nous entendrions, vous entendriez ils entendraient.

PARFAIT.

Sing.	Aud iverim,	que j'aie entendu.
	Aud iveris,	que tu aies entendu.
	Aud iverit,	qu'il ait entendu.
Plur.	Aud iverimus,	que nous ayons entendu.
	Aud iveritis,	que vous ayez entendu.
	Aud iverint,	qu'ils aient entendu.

PLUSQUE-PARFAIT.

| Sing. | Aud ivissem, | que j'eusse entendu. |
| | Aud ivisses, | que tu eusses entendu. |

Aud ivisset,   qu'il eût entendu.

Plur. Aud ivissemus,   que nous eussions entendu,

Aud ivissetis,   que vous eussiez entendu.

Aud ivissent,   qu'ils eussent entendu.

Autrement pour le français : *J'aurais entendu, tu aurais entendu, il aurait entendu ; nous aurions entendu vous auriez entendu, ils auraient entendu.*

INFINITIF. — PRÉSENT ET IMPARFAIT.

Aud ire,   *entendre* * , *qu'il entend ou qu'il entendait.*

PARFAIT ET PLUSQUE-PARFAIT.

Audiv isse,   *avoir entendu, qu'il a ou qu'il avait entendu.*

FUTUR. (Il se décline.)

Audit urum, audit- *devoir entendre, qu'il en-*
uram esse ;   *tendra ou qu'il enten-*
                   drait.

FUTUR PASSÉ. (Il se décline.)

Audit urum, au- *avoir dû entendre, qu'il*
dit uram, fuisse, *eût ou qu'il aurait en-*
                   tendu.

PARTICIPE PRÉSENT.

Aud iens, aud ien- *entendant, qui entend ou*
tis,   *qui entendait.*

PARTICIPE FUTUR.

Audit urus, audit- *devant entendre, qui doit,*
ura, audit u-   *ou qui devait entendre.*
rum.

SUPIN.

Audit um,   *à entendre.*

GERONDIFS.

Aud iendi,   *d'entendre.*

Aud iendo,   *en entendant.*

Aud iendum,   *à entendre ou pour enten-*
                            dre.

La quatrième conjugaison française comprend tous les verbes dont l'infinitif est terminé en *re* ; ils se conjuguent sur *entendre.*

Ainsi se conjuguent *aperire*, ouvrir; *munire*, fortifier; *sepelire*, ensevelir; *punire*, punir, etc.

REMARQUE. On peut faire une *syncope*, c'est-à-dire retrancher quelques lettres dans les parfaits et dans tous les temps qui en sont formés, en ôtant *ve* ou *vi*, et quelquefois le *v* seulement dans la quatrième conjugaison : ainsi l'on dit *amârunt* pour *amaverunt*; *implessem* pour *implevissem*; *audieram* pour *audiveram*; *audiissem* pour *audivissem*.

FORMATION DES TEMPS.

Les Temps primitifs sont ceux qui servent à former tous les autres temps ; ils sont au nombre de quatre.

Le présent de l'indicatif. — Le parfait de l'indicatif. — Le présent de l'infinitif. — Le supin.

Les temps dérivés sont ceux qui sont formés des temps primitifs.

LE PRÉSENT DE L'INDICATIF

Sert à former : 1° l'imparfait de l'indicatif, en changeant *o* en *abam* pour la première conjugaison, *amo*, *amabam* ; *o* en *bam* pour la deuxième, *moneo*, *monebam* ; *o* en *ebam* pour les deux autres ; *lego*, *legebam* ; *audio*, *audiebam*.

2° Le futur simple, en changeant *o* en *abo* pour la première conjugaison, *amo*, *amabo* ; *o* en *bo* pour la deuxième, *moneo*, *monebo* ; *o* en *am* pour les deux autres ; *lego*, *legam* ; *audio*, *audiam*.

3° Le présent du subjonctif, en changeant *o* en *em* pour la première conjugaison, *amo*, *amem*, et *o* en *am* pour les trois autres, *moneo*, *moneam* ; *lego*, *legam* ; *audio*, *audiam*.

4° Le participe présent, en changeant *o* en *ans* pour la première conjugaison, *amo*, *amans* ; *eo* en *ens* pour la deuxième, *moneo*, *monens* ; et *o* en *ens* pour les deux autres, *lego*, *legens* ; *audio*, *audiens*.

5° Les gérondifs, en changeant *o* en *andi*, *ando*, *andum*, pour la première conjugaison : *amo*, *amandi*, *amando*, *amandum* : *eo* en *endi*, *endo*, *endum* pour la deuxième : *moneo*, *monendi*, *monendo*, *monendum*, et *o* en *endi*, *endo*, *endum* pour les deux autres : *lego*, *legendi*, *legendo*, *legendum*, *audio* *audiendi*, *audiendo*, *audiendum*.

LE PARFAIT DE L'INDICATIF

Sert à former : 1° le plusque-parfait de l'indicatif, en changeant *i* en *eram* pour les quatre conjugaisons : *amavi*, *amaveram* ; *monui*, *monueram* ; *legi*, *legeram* ; *audivi*, *audiveram*.

2° Le futur passé, en changeant *i* en *ero* pour les quatre conjugaisons : *amavi*, *amavero* ; *monui*, *monuero* ; *legi*, *legero* ; *audivi*, *audivero*.

3° Le parfait du subjonctif en changeant *i* en *erim* pour les quatre conjugaisons : *amavi*, *amaverim* ; *monui*, *monuerim* ; *legi*, *legerim* ; *audivi*, *audiverim*.

4° Le plusque-parfait, en changeant *i* en *issem* pour les quatre conjugaisons : *amavi*, *amavissem* ; *monui*, *monuissem* ; *legi*, *legissem*; *audivi*, *audivissem*.

5° Le parfait et plusque-parfait de l'infinitif en changeant *i* en *isse* pour les quatre conjugaisons : *amavi*, *amavisse*; *monui*, *monuisse*; *legi*, *legisse*; *audivi*, *audivisse*.

LE PRÉSENT DE L'INFINITIF

Sert à former : 1° l'impératif en retranchant la dernière syllabe : *amare*, *ama*; *monere*, *mone*; *legere*, *lege*; *audire*, *audi*.*

2° L'imparfait du subjonctif en ajoutant *m*; *amare*, *amarem*; *monere*, *monerem*; *legere*, *legerem*; *audire*, *audirem*.

LE SUPIN

Sert à former : 1° les futurs simples et passés de l'infinitif, en changeant *m* en *rum*, *ram*, *rum* :

---

* Quatre verbes, *dico*, *duco*, *facio*, *fero*, font à l'impératif, *dic*, *duc*, *fac*, *fer*, ainsi que les verbes qui en sont composés, excepté ceux qui changent *facere* en *ficere*.

3..

amatum : futur, *amaturum*, *amaturam*, *amaturum esse* : *amaturum*, *amaturam*, *amaturum fuisse* ;

Monitum, *moniturum*, *monituram*, *moniturum esse* ; *moniturum*, *monituram*, *moniturum fuisse* ;

Lectum, *lecturum*, *lecturam*, *lecturum esse* ; *lecturum*, *lecturam*, *lecturum fuisse*.

Auditum, *auditurum*, *audituram*, *auditurum esse* : *auditurum*, *audituram*, *auditurum fuisse*.

2° Le participe futur en changeant *m* en *rus*, *ra*, *rum* : *amatum*, *amaturus*, *amatura*, *amaturum* ;

Monitum, *moniturus*, *monitura*, *moniturum* ;

Lectum, *lecturus*, *lectura*, *lecturum* ;

Auditum, *auditurus*, *auditura*, *auditurum*.

RÈGLE DES VERBES ACTIFS.

Amo Deum. Tous les verbes actifs gouvernent l'accusatif.

Exemple. J'aime, j'aimais, j'ai aimé, j'aimerai Dieu : *amo*, *amabam*, *amavi*, *amabo Deum*.

Vous aviez instruit, vous instruiriez l'enfant : *docueras*, *doceres puerum*.

Il aura lu, il aurait lu le livre, *legerit*, *legisset librum* ; écoutez votre maître, *audi magistrum tuum*.

TABLEAU GÉNERAL

DANS LEQUEL ON A MIS SOUS UN MÊME COUP-D'ŒIL LES QUATRE CONJUGAISONS.

INDICATIF.	1		2		3		4	
PRÉSENT.	Amo,	as.	Mon eo	es.	Leg o,	is.	Aud io,	is.
IMPARFAIT.	Am abam,	abas.	Mon ebam.	ebas.	Leg ebam,	ebas.	Aud iebam,	iebas.
PARFAIT.	Amav i,	isti.	Mon ui,	isti.	Leg i,	isti.	Audiv i,	isti.
PLUSQUE-PARF.	Amav eram,	eras.	Mon ueram,	eras.	Leg eram,	eras.	Audiv eram,	eras.
FUTUR.	Am abo,	abis.	Mon ebo,	ebis.	Leg am,	es.	Aud iam,	ies.
FUTUR PASSÉ.	Amav ero,	eris.	Monu ero,	eris.	Leg ero,	eris.	Audiv ero,	eris.
IMPÉRATIF.	Am a,	ato.	Mon e,	eto.	Leg e, *ou*	ito.	Audi	ito.
SUBJONCTIF.								
PRÉSENT.	Am em,	es.	Mon eam,	eas.	Leg am,	as.	Aud iam,	ias.
IMPARFAIT.	Am arem	ares.	Mon erem,	eres.	Leg erem,	eres.	Aud irem.	ires.
PARFAIT.	Amav erim,	eris.	Monu erim,	eris.	Leg erim,	eris.	Audiv erim,	eris.
PLUSQUE-PARF.	Amav issem,	isses.	Monu issem,	isses.	Leg issem,	isses.	Audiv issem,	isses.
INFINITIF.	Am are,	avisse.	Mon ere.	uisse.	Leg ere,	isse.	Aud ire,	ivisse.

CONJUGAISON DES VERBES PASSIFS.

On forme le verbe passif en ajoutant *r* à l'actif, *amo*, *amor*; *doceo*, *doceor*.

PREMIÈRE CONJUGAISON PASSIVE.

AMARI.

INDICATIF. — PRÉSENT.

Sing.	Am or,	*je suis aimé.*
	Am aris, *ou* am-	
	aro,	*tu es aimé.*
	Am atur,	*il est aimé.*
Plur.	Am amur,	*nous sommes aimés.*
	Am amini,	*vous êtes aimés.*
	Am antur,	*ils sont aimés.*

IMPARFAIT.

Sing.	Am abar,	*j'étais aimé.*
	Am abaris *ou* am-	
	abare,	*tu étais aimé.*
	Am abatur,	*il était aimé.*
Plur.	Am abamur,	*nous étions aimés.*
	Am abamini,	*vous étiez aimés.*
	Am abantur,	*ils étaient aimés.*

PARFAIT. (Il se décline.)

Sing.	Amat us sum *ou*	
	fui,	*j'ai été aimé.*
	Amat us es *ou*	
	fuisti,	*tu as été aimé.*
	Amat us est *ou* fuit,	*il a été aimé.*
Plur.	Amat i sumus *ou*	
	fuimus,	*nous avons été aimés.*
	Amat i estis *ou*	
	fuistis,	*vous avez été aimés.*
	Amat i sunt *ou* fue-	
	runt,	*ils ont été aimés.*

Autrement pour le français : *Je fus aimé, tu fus aimé, il fut aimé ; nous fûmes aimés, vous fûtes aimés, ils furent aimés.*

Ou : *J'eus été aimé, tu eus été aimé, il eut été aimé ; nous eûntes été aimés, vous eûtes été aimés, ils eurent été aimés.*

PLUSQUE-PARFAIT. (Il se décline.)

Sing. Amat us eram, *ou* fueram,   *j'avais été aimé.*

Amat us eras *ou* fueras,   *tu avais été aimé.*

Amat us erat *ou* fuerat,   *il avait été aimé.*

Plur. Amat i eramus *ou* fueramus,   *nous avions été aimés.*

Amat i eratis *ou* fueratis,   *vous aviez été aimés.*

Amat i erant *ou* fuerant,   *ils avaient été aimé.*

FUTUR.

Sing. Am abor   *je serai aimé.*

Am aberis *ou* am-abere,   *tu seras aimé.*

Am abitur,   *il sera aimé.*

Plur. Am abimur,   *nous serons aimés.*

Am abimini,   *vous serez aimés.*

Am abuntur,   *ils seront aimés.*

FUTUR PASSÉ. (Il se décline.)

Sing. Amat us ero *ou* fuero,   *j'aurai été aimé.*

Amat us eris *ou* fueris,   *tu auras été aimé.*

Amat us erit *ou* fuerit,   *il aura été aimé.*

Plur. Amat i erimus *ou* fuerimus,   *nous aurons été aimés*

Amat i eritis *ou* fueritis,   *vous aurez été aimés.*

Amat i erunt *ou* fuerint,   *ils auront été aimés.*

IMPÉRATIF.

Point de première personne

Sing.	Am are *ou* am-ator,	*sois aimé.*
	Am ator *(ille)*,	*qu'il soit aimé.*
Plur.	Am emur,	*soyons aimés.*
	Am amini,	*soyez aimés.*
	Am antor,	*qu'ils soient aimés.*

SUBJONCTIF. — PRÉSENT.

Sing.	Am er	*que je sois aimé.*
	Am eris *ou* amere,	*que tu sois aimé.*
	Am etur,	*qu'il soit aimé.*
Plur.	Am emur,	*que nous soyons aimés.*
	Am emini,	*que vous soyez aimés.*
	Am entur,	*qu'ils soient aimés.*

PARFAIT

Sing.	Am arer,	*que je fusse aimé.*
	Am areris *ou* am-arere,	*que tu fusses aimé.*
	Am aretur,	*qu'il fût aimé.*
Plur	Am aremur	*que nous fussions aimés.*
	Am aremini,	*que vous fussiez aimés.*
	Am arentur,	*qu'ils fussent aimés.*

Autrement pour le français : *je serais aimé, tu serais aimé, il serait aimé, nous serions aimés, vous seriez aimés, ils seraient aimés.*

PARFAIT (Il se décline.)

Sing.	Amat us sim *ou* fuerim,	*que j'aie été aimé.*
	Amatus sis *ou* fueris,	*que tu aies été aimé.*
	Amat us sit *ou* fuerit,	*qu'il ait été aimé.*
Plur.	Amat i simus *ou* fuerimus,	*que nous ayons été aimés.*

Amat i sitis *ou*
fueritis,   *que vous ayez été aimés*

Amat i sint *ou*
fuerint,   *qu'ils aient été aimés.*

PLUSQUE-PARFAIT. (Il se décline.)

Sing. Amat us essem *ou*
fuissem,   *que j'eusse été aimé.*

Amat us esses *ou*
fuisses,   *que tu eusses été aimé.*

Amat us esset *ou*
fuisset,   *qu'il eût été aimé.*

Plur. Amat i essemus *ou*
fuissemus,   *que nous eussions été aimés.*

Amat i essetis *ou*
fuissetis,   *que vous eussiez été aimés.*

Amat i essent *ou*
fuissent,   *qu'ils eussent été aimés.*

Autrement pour le français : *J'aurais été aimé, tu aurais été aimé, il aurait été aimé, nous aurions été aimés, vous auriez été aimés, ils auraient été aimés.*

INFINITIF. — PRÉSENT ET IMPARFAIT.

Am ari,   *être aimé, qu'il est ou*
qu'il était aimé.

PARFAIT ET PLUSQUE-PARFAIT. (Il se décline.)

Amat um, amat am *avoir été aimé, qu'il a*
esse *ou* fuisse,   *été ou avait été aimé.*

FUTUR.

Amat um (*indéc.*) *devoir être aimé, qu'i*
iri, am andum   *sera ou qu'il sera*
(*il se décl.*) esse.   *aimé.*

FUTUR PASSÉ. (Il se décline.)

Am andum fuisse, *avoir dû être aimé, qu'il*
aurait ou qu'il eût été
aimé.

PARTICIPE PASSÉ.

Amat us , amat a , *aimé*, *ayant été aimé*
    amat um ,   *qui a été aimé.*

PARTICIPE FUTUR.

Am andus , am- *devant être aimé*, *qui*
    anda , aman-   *doit*, *qui devait être*
    dum ,   *aimé.*

SUPIN.

Am át u ,   *à être aimé.*

Ainsi se conjuguent *laudor*, je suis loué ; *vituperor*, je suis
blâmé ; *verberor*, je suis frappé ; *vocor*, je suis appelé, etc.

REMARQUE. Tous les temps composés se déclinent , tant au
singulier qu'au pluriel, comme *bonus , a , um* , et ils s'accordent
en genre, en nombre et en cas avec leur nominatif. *Exemples*.
Le père a été aimé, *pater amatus est* ; la mère a été aimée,
mater amata est.

SECONDE CONJUGAISON PASSIVE.

MONERI.

INDICATIF. — PRÉSENT.

Sing. Mon eor ,   *je suis averti.*
    Mon eris *ou* mon-
        ere ,   *tu es averti.*
    Mon etur ,   *il est averti.*
Plur. Mon emur,   *nous sommes avertis.*
    Mon emini ,   *vous êtes avertis.*
    Mon entur ,   *ils sont avertis.*

IMPARFAIT.

Sing. Mon ebar ,   *j'étais averti.*
    Mon ebaris, mon-
        ebare ,   *tu étais averti.*
    Mon ebatur ,   *il était averti.*
Plur. Mon ebamur,   *nous étions avertis.*
    Mon ebamini ,   *vous étiez avertis.*
    Mon ebantur ,   *ils étaient avertis*

PARFAIT. (Il se décline.)

Sing. Mon itus sum *ou*
fui,   *j'ai été averti.*

Mon itus es *ou*
fuisti,   *tu as été averti.*

Mon i tus est *ou*
fuit,   *il a été averti.*

Plur. Mon iti sumus *ou*
fuimus,   *nous avons été avertis.*

Mon iti estis *ou*
fuistis,   *vous avez été avertis.*

Mon iti sunt *ou*
fuerunt,   *ils ont été avertis.*

Autrement pour le français : *Je fus averti, tu fus averti, il fut averti; nous fûmes avertis, vous fûtes avertis, ils furent avertis.*
Ou : *J'eus été averti, tu eus été averti, il eut été averti; nous eûmes été avertis, vous eûtes été avertis, ils eurent été avertis.*

PLUSQUE-PARFAIT. (Il se décline.)

Sing. Mon itus eram *ou*
fueram,   *j'avais été averti.*

Mon itus eras *ou*
fueras,   *tu avais été averti.*

Mon itus erat *ou*
fuerat,   *il avait été averti.*

Plur. Mon iti eramus *ou*
fueramus,   *nous avions été avertis.*

Mon iti eratis, *ou*
fueratis,   *vous aviez été avertis.*

Mon iti erant *ou*
fuerant,   *ils avaient été avertis.*

FUTUR.

Sing. Mon ebor,   *je serai averti.*

Mon eberis, *ou*
mon ebere, *tu seras averti.*

Mon ebitur, *il sera averti.*

Plur. Mon ebimur, *nous serons avertis.*

Mon ebimini, *vous serez avertis.*

Mon ebuntur, *ils seront avertis.*

FUTUR PASSÉ. (Il se décline.)

Sing. Mon itus ero *ou*
    fuero,   *j'aurai été averti.*
    Mon itus eris *ou*
    fueris,   *tu auras été averti.*
    Mon itus erit *ou*
    fuerit,   *il aura été averti.*
Plur. Mon iti erimus *ou*
    fuerimus,   *nous aurons été avertis.*
    Mon iti eritis *ou*
    fueritis,   *vous aurez été avertis.*
    Mon iti erunt *ou*
    fuerint,   *ils auront été avertis.*

IMPÉRATIF.
Il n'a point de première personne.

Sing. Mon ere *ou* Mon-
    etor,   *sois averti.*
    Mon etor (*ille*), *qu'il soit averti.*
Plur. Mon eamur, *soyons avertis.*
    Mon eamini, *soyez avertis.*
    Mon entor,   *qu'ils soient avertis.*

SUBJONCTIF. — PRÉSENT.

Sing. Mon ear,   *que je sois averti.*
    Mon earis, *ou* mo-
    neare,   *que tu sois averti.*
    Mon eatur, *qu'il soit averti.*
Plur. Mon eamur, *que nous soyons avertis.*
    Mon eamini, *que vous soyez avertis.*
    Mon eantur, *qu'ils soient avertis.*

IMPARFAIT.

Sing. Mon erer, *que je fusse averti.*
    Mon ereris *ou*
    mon erere, *que tu fusses averti.*
    Mon eretur, *qu'il fût averti.*
Plur. Mon eremur, *que nous fussions avertis.*
    Mon eremini, *que vous fussiez avertis.*
    Mon erentur, *qu'ils fussent avertis.*

Autrement pour le français : *Je serais averti, tu serais aver-*
ti etc.

PARFAIT. (Il se décline.)

Sing. Mon itus sim *ou*
  fuerim,   *que j'aie été averti.*
  Mon itus sis *ou*
  fueris,   *que tu aies été averti.*
  Mon itus sit *ou*
  fuerit,   *qu'il ait été averti.*
Plur. Mon iti simus *ou*
  fuerimus,   *que nous ayons été avertis.*
  Mon iti sitis *ou*
  fueritis,   *que vous ayez été avertis.*
  Mon iti sint *ou*
  fuerint,   *qu'ils aient été avertis.*

PLUSQUE-PARFAIT. (Il se décline.)

Sing. Mon itus essem
  ou fuissem,   *que j'eusse été averti.*
  Mon itus esses *ou*
  fuisses,   *que tu eusses été averti.*
  Mon itus esset *ou*
  fuisset,   *qu'il eût été averti.*
Plur. Mon iti essemus *que nous eussions été*
  ou fuissemus,   *avertis.*
  Mon iti essetis *ou*
  fuissetis,   *que vous eussiez été avertis.*
  Mon iti essent *ou*
  fuissent,   *qu'ils eussent été avertis.*

Autrement pour le français : *J'aurais été averti*, etc.

INFINITIF. — PRÉSENT ET IMPARFAIT.

Mon eri,   *être averti, qu'il est ou*
      était averti.

PARFAIT ET PLUSQUE-PARFAIT. (Il se décline.)

Mon itum, mon- *avoir été averti, qu'il a*
 itam esse, *ou* *ou avait été averti*
 fuisse,

FUTUR.

Mon itum *(indécl.)* devoir *être averti*, *qu'il*
iri, mon endum   *sera* ou *serait averti.*
(décl.) esse ,

FUTUR PASSÉ. (Il se décline.)

Mon endum fuisse, *avoir dû être averti ,*
                 qu'il aurait, ou *qu'il*
                 eût été averti.

PARTICIPE PASSÉ.

Mon itus, ita ,   *averti, ayant été averti,*
  itum ,   *qui a été averti.*

PARTICIPE FUTUR.

Mon endus, da , *devant être averti.*
  dum ,

SUPIN.

Mon itú ,   *à être averti.*

Ainsi se conjuguent *doceor*, je suis instruit ; *terreor*, je suis
épouvanté ; *teneor*, je suis tenu ; *impleor*, je suis rempli, etc.

TROISIÈME CONJUGAISON PASSIVE.

LEGI.

INDICATIF. — PRÉSENT.

Sing. Leg or ,   *je suis lu.*
  Leg eris *ou* leg ere, *tu es lu.*
  Leg itur ,   *il est lu.*
Plur. Leg imur ,   *nous sommes lus.*
  Leg imini ,   *vous êtes lus.*
  Leg untur* ,   - *ils sont lus.*

IMPARFAIT.

Sing. Leg ebar ** ,   *j'étais lu.*
  Leg ebaris , *ou* leg-
    ebare ,   *tu étais lu.*

* Les Verbes en *ior* font *iuntur*, accip *iuntur*.

** Les Verbes en *ior* font *iebar*, accip *iebar*.

	Leg ebatur,	*il était lu.*
Plur.	Leg ebamur,	*nous étions lus.*
	Leg ebamini,	*vous étiez lus.*
	Leg ebantur,	*ils étaient lus.*

PARFAIT. (Il se décline.)

Sing.	Lect us sum *ou* fui,	*j'ai été lu.*
	Lect us es *ou* fuisti,	*tu as été lu.*
	Lect us est *ou* fuit,	*il a été lu.*
Plur.	Lect i sumus *ou* fuimus,	*nous avons été lus*
	Lect i estis *ou* fuistis,	*vous avez été lus.*
	Lect i sunt *ou* fuerunt,	*ils ont été lus.*

Autrement pour le français : *je fus lu, tu fus lu, il fut lu ; nous fûmes lus, vous fûtes lus, ils furent lus.*

Ou : *J'eus été lu, tu eus été lu, il eut été lu ; nous eûmes été lus, vous eûtes été lus, ils eurent été lus.*

PLUSQUE-PARFAIT. (Il se décline.)

Sing.	Lect us eram *ou* fueram,	*j'avais été lu.*
	Lect us eras *ou* fueras,	*tu avais été lu.*
	Lect us erat *ou* fuerat,	*il avait été lu.*
Plur.	Lect i eramus *ou* fueramus,	*nous avions été lus.*
	Lecti eratis *ou* fueratis,	*vous aviez été lus.*
	Lecti erant *ou* fuerant,	*ils avaient été lus.*

FUTUR.

Sing.	Leg ar *,	*je serai lu.*
	Leg eris *ou* leg ere,	*tu seras lu.*
	Leg etur,	*il sera lu.*
Plur.	Leg emur,	*nous serons lus.*

Les verbes en *ior* font au futur *iar, accip iar.*

Leg emini,	*vous serez lus.*
Leg entur,	*ils seront lus.*

FUTUR PASSÉ. (Il se décline.)

Sing. Lect us ero *ou* fue- ro,	*j'aurai été lu.*
Lect us eris *ou* fue- ris,	*tu auras été lu.*
Lectus erit *ou* fue- rit,	*il aura été lu.*
Plur. Lect i erimus *ou* fuerimus,	*nous aurons été lus.*
Lect i erilis *ou* fue- ritis,	*vous aurez été lus.*
Lect i erunt *ou* fue- rint,	*ils auront été lus.*

IMPÉRATIF.

Point de première personne.

Sing. Leg ere *ou* leg itor,	*sois lu.*
Leg itor (*ille*),	*qu'il soit lu.*
Plur. Leg amur *,	*soyons lus.*
Leg imini,	*soyez lus.*
Leg untor **,	*qu'ils soient lus.*

SUBJONCTIF. — PRÉSENT.

Sing. Leg ar ***,	*que je sois lu.*
Leg aris *ou* leg are,	*que tu sois lu*
Leg atur,	*qu'il soit lu.*
Plur. Leg amur,	*que nous soyons lus.*
Leg amini,	*que vous soyez lus.*
Leg antur,	*qu'ils soient lus.*

IMPARFAIT.

Sing. Leg erer,	*que je fusse lu.*
Leg ereris, *ou* leg- erere,	*que tu fusses lu.*

---

* Les Verbes en *ior* font *iamur, accip iamur*.
** Ceux en *ior* font *iuntor, accip iuntor*.
*** Ceux en *ior* font au subjonctif *iar, accip iar*.

Leg eretur,	qu'il fût lu.
Plur. Leg eremur,	que nous fussions lus.
Leg eremini,	que vous fussiez lus.
Leg erentur,	qu'ils fussent lus.

Autrement pour le français : *Je serais lu, tu serais lu, il serait lu, nous serions lus, vous seriez lus, ils seraient lus.*

PARFAIT. (Il se décline.)

Sing. Lect us sim ou fuerim,	que j'aie été lu.
Lect us sis ou fueris,	que tu aies été lu.
Lect us sit ou fuerit,	qu'il ait été lu.
Plur. Lect i simus ou fuerimus,	que nous ayons été lus.
Lec i sitis ou fueritis,	que vous ayez été lus.
Lect i sint ou fuerint,	qu'ils aient été lus.

PLUSQUE-PARFAIT. (Il se décline.)

Sing. Lect us essem ou fuissem,	que j'eusse été lu.
Lect us esses ou fuisses,	que tu eusses été lu.
Lect us esset ou fuisset,	qu'il eût été lu.
Plur. Lect i essemus ou fuissemus,	que nous eussions été lus.
Lect i essetis ou fuissetis,	que vous eussiez été lus.
Lect i essent ou fuissent,	qu'ils eussent été lus.

Autrement pour le français : *J'aurais été lu, tu aurais été lu, il aurait été lu ; nous aurions été lus, vous auriez été lus, ils auraient été lus.*

INFINITIF. — PRÉSENT ET IMPARFAIT.

Leg i,	être lu.

PARFAIT ET PLUSQUE-PARFAIT. (Il se décline.)

Lect um , lect am *avoir été lu , qu'il a* ou
esse, *ou* fuisse, *avait été lu.*

FUTUR.

Lect um *(indécl.) devoir être lu , qu'il sera,*
iri , leg endum *qu'il serait lu.*
(décl.) esse,

FUTUR PASSÉ. (Il se décline.)

Leg endum fuisse, *avoir dû être lu , qu'il*
aurait ou *qu'il eût été*
lu.

PARTICIPE PASSÉ.

Lectus, lecta, lect-
um , *ayant été lu , qui a été lu.*

PARTICIPE FUTUR.

Leg endus, leg en- *devant être lu , qui doit ,*
da , leg endum, ou *qui devait être lu.*

SUPIN.

Lect u ; *à être lu.*

Ainsi se conjuguent *vincor,* je suis vaincu ; *scribor,* je suis
écrit ; *cognoscor,* je suis connu , etc.

QUATRIÈME CONJUGAISON PASSIVE.

AUDIRI.

INDICATIF. — PRÉSENT.

Sing. Aud ior, *je suis écouté* ou *entendu.*
Aud iris, *ou* aud-
ire , *tu es écouté.*
Aud itur , *il est écouté.*
Plur. Aud imur , *nous sommes écoutés* ou
entendus.
Aud imini , *vous êtes écoutés.*
Aud iuntur , *ils sont écoutés.*

IMPARFAIT.

Sing. Aud iebar,   *j'étais écouté* ou *entendu.*
Aud iebaris *ou*
aud iebare,   *tu étais écouté.*
Aud iebatur,   *il était écouté.*
Plur. Aud iebamur,   *nous étions écoutés.*
Aud iebamini,   *vous étiez écoutés.*
Aud iebantur,   *ils étaient écoutés.*

PARFAIT. (Il se décline.)

Sing. Audit us sum *ou*
fui,   *j'ai été écouté* ou *entendu.*
Audit us es *ou*
fuisti,   *tu as été écouté.*
Audit us est *ou*
fuit,   *il a été écouté.*
Plur. Audit i sumus *ou*
fuimus,   *nous avons été écoutés.*
Audit i estis *ou*
fuistis,   *vous avez été écoutés.*
Audit i sunt *ou*
fuerunt,   *ils ont été écoutés.*

Autrement pour le français : *Je fus écouté, tu fus écouté, il fut écouté ; nous fûmes écoutés, vous fûtes écoutés, ils furent écoutés.*

Ou : *J'eus été écouté, tu eus été écouté, il eut été écouté ; nous eûmes été écoutés, vous eûtes été écoutés, ils eurent été écoutés.*

PLUSQUE-PARFAIT. (Il se décline.)

Sing. Audit us eram *ou*
fueram,   *j'avais été écouté.*
Audit us eras *ou*
fueras,   *tu avais été écouté.*
Audit us erat *ou*
fuerat,   *il avait été écouté.*
Plur. Audit i eramus *ou*
fueramus,   *nous avions été écoutés.*
Audit i eratis *ou*
fueratis,   *vous aviez été écoutés.*

4

Audit i erant ou fuerant,	*ils avaient été écoutés.*

FUTUR.

Sing. Aud iar ,	*je serai écouté.*
Aud ieris ou au-diere ,	*tu seras écouté.*
Aud ietur ,	*il sera écouté.*
Plur. Aud iemur ,	*nous serons écoutés.*
Aud iemini ,	*vous serez écoutés.*
Aud ientur ,	*ils seront écoutés.*

FUTUR PASSÉ.

Sing. Audit us ero ou fuero,	*j'aurai été écouté.*
Audit us eris ou fueris ,	*tu auras été écouté.*
Audit us erit ou fuerit ,	*il aura été écouté.*
Plur. Audit i erimus ou fuerimus ,	*nous aurons été écoutés.*
Audit i eritis ou fueritis ,	*vous aurez été écoutés.*
Audit i erunt ou fuerint ,	*ils auront été écoutés.*

IMPÉRATIF.

Point de première personne.

Sing. Aud ire ou aud-itor ,	*sois écouté.*
Aud itor *(ille)*,	*qu'il soit écouté.*
Plur. Aud iamur ,	*soyons écoutés.*
Aud imini ,	*soyez écoutés.*
Aud iuntor ,	*qu'ils soient écoutés.*

SUBJONCTIF. — PRÉSENT.

Sing. Aud iar ,	*que je sois écouté.*
Aud iaris ou aud-iare ,	*que tu sois écouté.*
Aud iatur ,	*qu'il soit écouté.*

Plur. Aud iamur,   que nous soyons écoutés.
     Aud iamini,   que vous soyez écoutés.
     Aud iantur,   qu'ils soient écoutés.

IMPARFAIT.

Sing. Aud irer   que je fusse écouté.
     Aud ireris ou aud-
       irere,   que tu fusses écouté.
     Aud iretur,   qu'il fût écouté.
Plur. Aud iremur,   que nous fussions écoutés.
     Aud iremini,   que vous fussiez écoutés.
     Aud irentur,   qu'ils fussent écoutés.

Autrement pour le français : *Je serais écouté, tu serais écouté, il serait écouté ; nous serions écoutés, vous seriez écoutés, ils seraient écoutés.*

PARFAIT. (Il se décline.)

Sing. Audit us sim ou
     fuerim,   que j'aie été écouté.
     Audit us sis ou
     fueris,   que tu aies été écouté.
     Audit us sit ou
     fuerit,   qu'il ait été écouté.
Plur. Auditi simus ou
     fuerimus,   que nous ayons été écoutés.
     Auditi sitis ou
     fueritis,   que vous ayez été écoutés
     Auditi sint ou
     fuerint,   qu'ils aient été écoutés.

PLUSQUE-PARFAIT. (Il se décline.)

Sing. Audit us essem ou
     fuissem,   que j'eusse été écouté.
     Audit us esses ou
     fuisses,   que tu eusses été écouté.
     Audit us esset ou
     fuisset,   qu'il eût été écouté.
Plur. Auditi essemus ou   que nous eussions été
     fuissemus,   écoutés.

Audit i essetis *ou* *que vous eussiez été*
fuissetis, *écoutés.*

Audit i essent *ou*
fuissent, *qu'ils eussent été écoutés.*

Autrement pour le français : J'aurais été écouté, tu aurais été écouté, il aurait été écouté ; nous aurions été écouté, vous auriez été écoutés, ils auraient été écoutés.

INFINITIF. — PRÉSENT ET IMPARFAIT.

Aud iri, *être écouté.*

PARFAIT ET PLUSQUE-PARFAIT. (Il se décline.)

Audit um, audi- *avoir été écouté, qu'il a*
tam esse *ou* fuis- *ou avait été écouté.*
se

FUTUR.

Audit um *(indécl.) devoir être écouté, qu'il*
iri, aud iendum *sera ou qu'il serait*
(*décl.*) esse, *écouté.*

FUTUR PASSÉ. (Il se décline.)

Aud iendum fuisse, *avoir dû être écouté,*
qu'il aurait ou qu'il
eût été écouté.

PARTICIPE PASSÉ.

Audit us, audit a, *écouté, ayant été écouté,*
audit um, *ou qui a été écouté*

PARTICIPE FUTUR.

Aud iendus, aud- *devant être écouté, qui*
ienda, aud ien- *sera ou qui serait*
dum *écouté.*

SUPIN.

Audit u, *à être écouté.*

Ainsi se conjuguent *aperior*, je suis ouvert ; *munior*, je suis fortifié ; *sepelior*, je suis enseveli ; *punior*, je suis puni, etc.

TABLEAU GÉNÉRAL

DANS LEQUEL ON A MIS SOUS UN MÊME COUP-D'OEIL LES QUATRE CONJUGAISONS PASSIVES.

INDICATIF.	1		2		3		4	
PRÉSENT.	Am or,	aris.	Mon eor,	eris.	Leg or,	eris.	Aud ior,	iris.
IMPARFAIT.	Am abar,	abaris.	Mon ebar.	ebaris.	Leg ebar,	ebaris.	Aud iebar,	iebaris.
PARFAIT.	Ama tus sum *ou* fui.		Monit us sum.		Lect us sum,		Audit us sum.	
PLUSQUE-PARF.	Ama tus eram *ou* fueram.		Monit us eram.		Lect us eram.		Audit us eram.	
FUTUR.	Am abor,	aberis.	Mon ebor,	eberis.	Leg ar,	eris.	Aud iar,	ieris.
FUTUR PASSÉ.	Amat us ero *ou* fuero.		Monit us ero.		Lec tus ero.		Audit us ero.	
IMPÉRATIF.	Am are,	ator.	Mon ere,	etor.	Leg ere,	itor.	Audire,	itor.
SUBJONCTIF.								
PRÉSENT.	Am er,	eris.	Mon ear,	earis.	Leg ar,	aris.	Aud iar,	iaris.
IMPARFAIT.	Am arer,	areris.	Mon erer,	ereris.	Leg erer,	ereris.	Aud irer,	ireris.
PARFAIT.	Am atus sim *ou* fuerim.		Moni tus sim.		Lec tus sim.		Audit us sim.	
PLUSQUE-PARF.	Amat us essem *ou* fuissem.		Monit us essem.		Lec tus essem		Audit us essem.	
INFINITIF.	Am ari.		Mon eri.		Leg i.		Aud iri.	

REMARQUES

SUR LA FORMATION DES TEMPS.

1º L'impératif passif est toujours semblable à l'infinitif actif.

2º Les temps simples du passif se forment des mêmes temps de l'actif, en ajoutant *r* à ceux qui sont terminé en *o* ; *amo, amor* ; *amabo, amabor* ; et en changeant *m* en *r* aux temps de l'actif qui sont terminés en *m* ; *amabam, amabar* ; *amarem, amarer* ; *legam, legar* ; *audiam, audiar*.

REGLE DES VERBES PASSIFS.

Amor à Deo.— *De* ou *par* après un verbe passif s'exprime en latin par *à*, *ab*, et le nom suivant se met à l'ablatif.

Ex. Je suis aimé, j'étais aimé, je serai aimé de *Dieu. Amor, amabar, amabor à Deo.*

Vous étiez écouté, vous aviez été écouté par vos écoliers. *Audiebaris, auditus fueras à tuis discipulis.*

Il sera instruit, il aura été instruit par le maître. *Docebitur, doctus erit à magistro.*

Ce livre est lu par l'enfant. *Hic liber legitur à puero.*

VERBES DEPONENTS.

Les verbes déponents se conjuguent pour le latin comme les verbes passifs, et pour le français comme les verbes actifs. Il y a des verbes déponents de chacune des quatre conjugaisons passives.

VERBE DÉPONENT
DE LA PREMIÈRE CONJUGAISON
sur *AMOR*.

INDICATIF. — PRÉSENT.

Sing. Imit or,   *j'imite.*

Imit aris *ou* imit-
are,   *tu imites.*

Imit atur,   *il imite.*

Plur Imit amur,   *nous imitons.*

Imit amini,   *vous imitez.*

Imit antur,   *ils imitent.*

IMPARFAIT.

Sing. Imit abar,   *j'imitais*

Imit abaris, *ou*
imitabare,   *tu imitais.*

Imit abatur,   *il imitait.*

Plur. Imit abamur,   *nous imitions.*

Imit abamini,   *vous imitiez.*

Imit abantur,   *ils imitaient.*

PARFAIT. (Il se décline.)

Sing. Imitat us sum *ou*
fui,   *j'ai imité.*

Imitat us es *ou*
fuisti,   *tu as imité.*

Imitat us est *ou*
fuit,   *il a imité.*

Plur. Imitat i sumus *ou*
fuimus;   *nous avons imité.*

Imitat i estis *ou*
fuistis,   *vous avez imité.*

Imitat i sunt *ou*
fuerunt,   *ils ont imité.*

Autrement pour le français : *J'imitai, tu imitas, il imita ;
nous imitâmes, vous imitâtes, ils imitèrent.*

Ou : *J'eus imité, tu eus imité, il eut imité; nous eûmes imité,
vous eûtes imité, ils eurent imité.*

PLUSQUE-PARFAIT. (Il se décline.)

Sing. Imitat us eram *ou*
    fueram,   *j'avais imité.*
    Imitat us eras *ou*
    fueras,   *tu avais imité.*
    Imitat us erat *ou*
    fuerat,   *il avait imité.*
Plur. Imitat i eramus *ou*
    fueramus,   *nous avions imité.*
    Imitat i eratis *ou*
    fueratis,   *vous aviez imité.*
    Imitat i erant *ou*
    fuerant,   *ils avaient imité.*

FUTUR.

Sing. Imit abor,   *j'imiterai.*
    Imit aberis, *ou*
    imit abere,   *tu imiteras.*
    Imit abitur,   *il imitera.*
Plur. Imit abi mur,   *nous imiterons.*
    Imit abimini,   *vous imiterez.*
    Imit abuntur.   *ils imiteront.*

FUTUR PASSÉ. (Il se décline.)

Sing. Imitat us ero *ou*
    fuero,   *j'aurai imité.*
    Imitat us eris *ou*
    fueris,   *tu auras imité.*
    Im'tat us erit *ou*
    fuerit,   *il aura imité.*
Plur. Imitat i erimus *ou*
    fuerimus,   *nous aurons imité.*
    Imitat i eritis *ou*
    fueritis,   *vous aurez imité.*
    Imitat i erunt *ou*
    fuerint,   *ils auront imité.*

IMPÉRATIF.

Il n'a point de première personne.

Sing. Imit are *ou* imit-
    ator,   *imite.*

       Imit ator *(ille)*,   *qu'il imite.*
Plur. Imit emur,   *imitons.*
       Imit amini,   *imitez.*
       Imit antor,   *qu'ils imitent.*

SUBJONCTIF. — PRÉSENT.

Sing. Imit er,   *que j'imite.*
       Imit eris *ou* imit-
           ere,   *que tu imites.*
       Imit etur,   *qu'il imite.*
Plur. Imit emur,   *que nous imitions*
       Imit emini,   *que vous imitiez.*
       Imit entur,   *qu'ils imitent.*

IMPARFAIT.

Sing. Imit arer,   *que j'imitasse.*
       Imit areris, *ou*
          imit arere,   *que tu imitasses.*
       Imit aretur,   *qu'il imitât.*
Plur. Imit aremur,   *que nous imitassions.*
       Imit aremini,   *que vous imitassiez*
       Imit arentur,   *qu'ils imitassent.*

Autrement pour le français : *J'imiterais, tu imiterais, il imiterait; nous imiterions, vous imiteriez, ils imiteraient.*

PARFAIT. (Il se décline.)

Sing. Imitat us sim *ou*
         fuerim,   *que j'aie imité.*
       Imitat us sis *ou*
         fueris,   *que tu aies imité.*
       Imitat us sit *ou*
         fuerit,   *qu'il ait imité.*
Plur. Imitat i simus *ou*
         fuerimus,   *que nous ayons imité*
       Imitat i sitis *ou*
         fueritis,   *que vous ayez imité.*
       Imitat i sint *ou*
         fuerint,   *qu'ils aient imité.*

PLUSQUE-PARFAIT. (Il se décline.)

Sing. Imitat us essem ou
    fuissem,   *que j'eusse imité.*

Imitat us esses ou
    fuisses,   *que tu eusses imité.*

Imitat us esset ou
    fuisset,   *qu'il eût imité.*

Plur. Imitat i essemus ou
    fuissemus,   *que nous eussions imité.*

Imitat i essetis ou
    fuissetis,   *que vous eussiez imité.*

Imitat i essent ou
    fuissent,   *qu'ils eussent imité.*

Autrement pour le français : **J'aurais imité, tu aurais imité, il aurait imité ; nous aurions imité, vous auriez imité, ils auraient imité.**

INFINITIF. — PRÉSENT ET IMPARFAIT.

Imit ari,   *imiter.*

PARFAIT ET PLUSQUE-PARFAIT. (Il se décline.)

Imitat um, imit-
at am esse ou
fuisse,   *avoir imité.*

FUTUR. (Il se décline.)

Imitat urum, imi- *devoir imiter, qu'il imitera*
tat uram esse,   *ou qu'il imiterait.*

FUTUR PASSÉ. (Il se décline.)

Imitat urum, imi- *avoir dû imiter, qu'il*
tat uram fuisse,   *aurait ou qu'il eût*
                  imité.

PARTICIPE PRÉSENT.

Imit ans, imit- *imitant, qui imite, qui*
antis,   *imitait.*

PARTICIPE PASSÉ ACTIF.

Imitat us, imitat- *ayant imité, qui a ou*
a, imitat um,   *qui avait imité.*

PARTICIPE FUTUR ACTIF.

Imitat urus, imi-
tat ura, imitat-   *devant imiter, qui imite*
urum.   *ra ou qui imiterait.*

PARTICIPE FUTUR PASSIF.

Imit andus, imit-
anda, imit an-
dum,   *qui doit être imité.*

SUPIN.

Imitat um,   *à imiter.*
Imitat u,   *à être imité.*

GÉRONDIFS.

Imit andi,   *d'imiter.*
Imit ando,   *en imitant.*
Imit andum,   *à imiter* ou *pour imiter.*

Ainsi se conjuguent *mirari, miror,* admirer; *hortari, hortor* exhorter; *precari, precor,* prier; *venerari, veneror,* respecter.

Il suffira, pour les autres verbes déponens, d'indiquer la première personne dans chaque temps composé.

VERBE DÉPONENT
DE LA SECONDE CONJUGAISON.
SUR *MONEOR.*

INDICATIF. — PRÉSENT.

Sing. Pollic eor,   *je promets.*
Pollic eris* ou* pol-
lic ere,   *tu promets.*
Pollic etur,   *il promet.*
Plur. Pollic emur,   *nous promettons.*
Pollic emini,   *vous promettez.*
Pollic entur,   *ils promettent.*

IMPARFAIT.

Sing. Pollic ebar,   *je promettais.*
Pollic ebaris* ou*
pollic ebare,   *tu promettais.*
Pollic ebatur,   *il promettait.*

Plur. Pollic ebamur ,   *nous promettions.*
      Pollic ebamini ,   *vous promettiez.*
      Pollic ebantur ,   *ils promettaient.*

PARFAIT.

Pollici tus sum *ou*
    fui ,   *j'ai promis* , etc.

PLUSQUE-PARFAIT.

Pollici tus eram
    ou fueram   *j'avais promis*, etc.

FUTUR.

Sing. Pollic ebor ,   *je promettrai.*
      Pollic eberis *ou*
        pollic ebere ,   *tu promettras.*
      Pollic ebitur ,   *il promettra.*
Plur. Pollic ebimur ,   *nous promettrons.*
      Pollic ebimini ,   *vous promettrez.*
      Pollic ebuntur ,   *ils promettront.*

FUTUR PASSÉ.

Pollicit us ero *ou*
    fuero ,   *j'aurai promis* , etc,

IMPÉRATIF.

Point de première personne.

Sing. Pollic ere *ou*
      pollic etor ,   *promets.*
      Pollic etor (ille) *qu'il promette.*
Plur. Pollic eamur ,   *promettons.*
      Pollic emini ,   *promettez.*
      Pollic entor ,   *qu'ils promettent.*

SUBJONCTIF. — PRÉSENT

Sing. Pollic ear ,   *que je promette.*
      Pollic earis *ou*
        pollic eare ,   *que tu promettes.*
      Pollic eatur ,   *qu'il promette.*
Plur. Pollic eamur ,   *que nous promettions*
      Pollic eamini ,   *que vous promettiez.*
      Pollic eantur ,   *qu'ils promettent.*

IMPARFAIT.

Sing. Pollic erer,   *que je promisse* ou *je*
                        promettrais.

       Pollic ereris *ou*
        pollic erere,   *que tu promisses.*
       Pollic eretur,   *qu'il promît.*
Plur. Pollic eremur,   *que nous promissions.*
       Pollic eremini,   *que vous promissiez.*
       Pollic erentur,   *qu'ils promissent.*

PARFAIT.

Pollicit us sim *ou*
    fuerim, etc.   *que j'aie promis.*

PLUSQUE-PARFAIT.

Pollicit us essem, *que j'eusse promis,* etc.
   ou fuissem,   *ou j'aurais promis.*

INFINITIF. — PRÉSENT ET IMPARFAIT.

Pollic eri,   *promettre.*

PARFAIT ET PLUSQUE-PARFAIT.

Pollicit um, pol-
   licit am esse,
   ou fuisse,   *avoir promis.*

FUTUR. (Il se décline.)

Polliciturum, pol- *devoir promettre*, *qui*
   licit uram esse,   *promettra,* etc.

FUTUR PASSÉ. (Il se décline.)

Pollicit urum, *avoir dû promettre, qu'il*
   pollicit uram,   *aurait* ou *qu'il eût pro-*
   fuisse,   *mis.*

PARTICIPE PRÉSENT.

Pollic ens, pollic- *promettant, qui promet*
   entis,   *ou qui promettait.*

RARTICIPE PASSÉ ACTIF.

Pollicit us, pol- *ayant promis, qui a pro-*
   licita, pollicitum,   *mis, qui avait promis.*

PARTICIPE FUTUR ACTIF.

Pollicit urus, pol-
    licit ura, polli- *devant promettre , qui*
    cit urum,   *promettra.*

PARTICIPE FUTUR PASSIF.

Pollic endus, pol-
    lic enda, pollic-
    endum,   *qui doit être promis.*

SUPINS.

Pollicit um ,   *à promettre.*
Pollicit u ,   *à être promis.*

GÉRONDIFS.

Pollic endi ,   *de promettre.*
Pollic endo ,   *en promettant.*
Pollic endum , ·   *à promettre ou pour*
                      promettre.

Ainsi se conjuguent *misereri*, *misereor*, avoir pitié ; *vereri*
vereor, craindre ; *fateri*, *fateor*, avouer.

VERBE DÉPONENT

DE LA TROISIEME CONJUGAISON.

SUR *LEGOR.*

INDICATIF. — PRÉSENT.

Sing. Ut or ,   *je me sers.*
    Ut eris ou ut ere,   *tu te sers.*
    · Ut itur ,   *il se sert.*
Plur. Ut imur ,   *nous nous servons*
    Ut imini ,   *vous vous servez.*
    Ut untur,   *ils se servent.*

IMPARFAIT.

Sing. Ut ebar ,   *je me servais.*
    Ut ebaris ou ut- ·
        ebare ,   *tu te servais.*
    Ut ebatur   *il se servait.*

Plur. Ut ebamur,   *nous nous servions.*
  Ut ebamini,   *vous vous serviez.*
  Ut ebantur,   *ils se servaient.*

PARFAIT.

Us us sum *ou* fui, *je me suis servi*, etc.

PLUSQUE-PARFAIT.

Us us eram *ou* fue-
  ram,   *je m'étais servi*, etc.

FUTUR.

Sing. Ut ar,   *je me servirai.*
  Ut eris, *ou* ut ere, *tu te serviras.*
  Ut etur,   *il se servira.*
Plur. Ut emur,   *nous nous servirons.*
  Ut emini,   *vous vous servirez.*
  Ut entur,   *ils se serviront.*

FUTUR PASSÉ.

Us us ero *ou* fuero, *je me serai servi.*

IMPÉRATIF.

Point de première personne.

Sing. Ut ere *ou* uti tor, *sers-toi.*
  Ut itor (*ille*),   *qu'il se serve.*
Plur. Ut amur,   *servons-nous.*
  Ut imini,   *servez-vous.*
  Ut untur,   *qu'ils se servent.*

SUBJONCTIF. — PRÉSENT.

Sing. Ut ar,   *que je me serve.*
  Ut aris, *ou* ut are, *que tu te serves.*
  Ut atur,   *qu'il se serve.*
Plur. Ut amur,   *que nous nous servions.*
  Ut amini,   *que vous vous serviez.*
  Ut antur,   *qu'ils se servent.*

IMPARFAIT.

Sing. Ut erer,   *que je me servisse ou je me*
          servirais.

  Ut ereris, *ou*
  ut erere,   *que tu te servisses.*

Ut cretur,   *qu'il se servît.*

Plur. Ut eremur,   *que nous nous servissions.*

Ut eremini,   *que vous vous servissiez.*

Ut erentur,   *qu'ils se servissent.*

PARFAIT.

Us us sim *ou* fue-

rim,   *que je me sois servi ,* etc.

PLUSQUE-PARFAIT.

Us us essem *ou que je me fusse servi* ou *je*

fuissem,   *me serais servi ,* etc.

INFINITIF. — PRÉSENT ET IMPARFAIT.

Ut i,   *se servir.*

PARFAIT ET PLUSQUE-PARFAIT. (Il se décline.)

Us um, us am esse

ou fuisse,   *s'être servi.*

FUTUR. (Il se décline.)

Us urum us uram *devoir se servir , qu'il se*

esse,   *servira* ou *qu'il se ser-*

virait.

FUTUR PASSÉ. (Il se décline.)

Us urum, us uram *avoir dû se servir , qu'il*

fuisse,   *se fût servi* ou *qu'il se*

serait servi.

PARTICIPE PASSÉ.

Ut ens, ut entis, *se servant, qui se sert ,*

qui se servait.

PARTICIPE PASSÉ ACTIF.

Us us, us a, us- *s'étant servi , qui s'est*

um,   *servi* ou *qui s'était servi.*

PARTICIPE FUTUR ACTIF.

Us urus, us ura, *devant se servir, qui doit*

us urum ;   ou *devait se servir.*

PARTICIPE FUTUR PASSIF.

Ut endus, ut en-

da, ut endum, *dont on doit se servir.*

SUPINS.

Us um,	à se servir.
Us u,	à être employé.

GÉRONDIFS.

Ut endi,	de se servir.
Ut endo,	en se servant
Ut endum,	à ou pour se servir.

Ainsi se conjuguent *sequi*, *sequor*, suivre ; *loqui*, *loquor*, parler ; *ulcisci*, *ulciscor*, venger ; *nasci*, *nascor*, naître.

VERBE DÉPONENT

DE LA QUATRIÈME CONJUGAISON

SUR *AUDIOR*

INDICATIF. — PRÉSENT.

Sing.	Bland ior,		je flatte.
	Bland iris,	ou	
	bland ire,		tu flattes
	Bland itur,		il flatte.
Plur.	Bland imur,		nous flattons.
	Bland imini,		vous flattez
	Bland iuntur,		ils flattent.

IMPARFAIT.

Sing.	Bland iebar,		je flattais.
	Bland iebaris	ou	
	bland iebare,		tu flattais.
	Bland iebatur,		il flattait.
Plur.	Bland iebamur,		nous flattions.
	Bland iebamini,		vous flattiez.
	Bland iebantur,		ils flattaient.

PARFAIT.

Bland itus sum ou	
fui,	j'ai flatté, etc.

PLUSQUE-PARFAIT.

Bland itus eram	
ou fueram,	j'avais flatté, etc.

FUTUR.

Sing. Bland iar,   *je flatterai.*
Bland ieris *ou*
     bland iere,   *tu flatteras.*
Bland ietur,   *il flattera.*
Plur. Bland iemur,   *nous flatterons.*
Bland iemini,   *vous flatterez.*
Bland ientur,   *ils flatteront.*

FUTUR PASSÉ.

Bland itus ero *ou*
     fuero,   *j'aurai flatté,* etc.

IMPÉRATIF.

Point de première personne.

Sing. Bland ire *ou* bland-
     itor,   *flatte.*
Bland itor *(ille)*,   *qu'il flatte.*
Plur. Bland iamur,   *flattons.*
Bland imini,   *flattez.*
Bland iuntor,   *qu'ils flattent.*

SUBJONCTIF. — PRÉSENT.

Sing. Bland iar,   *que je flatte.*
Bland iaris, *ou*
     bland iare,   *que tu flattes.*
Bland iatur,   *qu'il flatte.*
Plur. Bland iamur,   *que nous flattions*
Bland iamini,   *que vous flattiez.*
Bland iantur,   *qu'ils flattent.*

IMPARFAIT.

Sing. Bland irer,   *que je flattasse* ou *je flat-*
             terais

Bland ireris *ou*
     bland irere   *que tu flattasses.*
Bland iretur,   *qu'il flattât.*
Plur. Bland iremur,   *que nous flattassions*
Bland iremini,   *que vous flattassiez.*
Bland irentur,   *qu'ils flattassent.*

PARFAIT.

Bland itus sim ou
fuerim ,   que j'aie flatté, etc.

PLUSQUE-PARFAIT.

Bland itus essem *que j'eusse flatté ou j'au*
ou fuissem ,   *rais flatté.*

INFINITIF. — PRÉSENT ET IMPARFAIT.

Bland iri ,   *flatter.*

PARFAIT ET PLUSQUE-PARFAIT. (Il se décline.)

Blanditum , bland-
itam esse ,   *avoir flatté.*

FUTUR. (Il se décline.)

Bland iturum ,   *devoir flatter , qu'il flat-*
bland ituram   *tera ou flatterait.*
esse ,

FUTUR PASSÉ. (Il se décline.)

Bland iturum ,   *avoir dû flatter , qu'il eût*
bland ituram   *ou qu'il aurait flatté.*
fuisse ,

PARTICIPE PRÉSENT.

Bland iens, bland-   *flattant , qui flatte ou qui*
ientis ,   *flattait.*

PARTICIPE FUTUR ACTIF.

Bland iturus ,   *devant flatter , qui flat-*
bland itura,   *tera ou qui flatterait.*
bland iturum ,

SUPINS.

Bland itum ,   *à flatter.*
Bland itu ,   *à être flatté.*

GERONDIFS.

Bland iendi ,   *de flatter.*
Bland iendo ,   *en flattant.*
Bland iendum ,   *à flatter ou pour flatter.*

Ainsi se conjuguent *largiri*, *largior*, donner ; *experiri*, *expe-*
rior, éprouver , *metiri*, *metior*, mesurer ; *partiri* , *partior*,
partager.

Remarque. Dans les verbes déponents, la seconde personne de l'impératif est toujours semblable à la seconde personne du présent de l'indicatif en *re*.

Ajoutez *r* à la seconde personne de l'impératif, vous aurez l'imparfait du subjonctif; *imitare, imitarer; pollicere, pollicerer; utere, uterer; blandire, blandirer.*

RÈGLE DES VERBES DÉPONENTS.

I. *Imitor patrem meum.* — Il y a des verbes déponents qui gouvernent l'accusatif.

Exemples. J'imite mon père, *imitor patrem meum*; vous avez promis une récompense, *pollicitus es mercedem.*

II. *Miserere pauperis.* — Il y a des verbes déponens qui gouvernent le génitif.

Ayez pitié du pauvre, *miserere pauperis.*

III. *Blanditur nutrici.* — Il y a des verbes déponents qui gouvernent le datif.

Il caresse *ou* il flatte la nourrice, *blanditur nutrici.*

IV. *Utor lacte.* — Il y a des verbes déponent qui gouvernent l'ablatif.

Je fais usage du lait, *utor lacte.*

(Le dictionnaire indique à chaque verbe déponent le cas qu'il régit.)

VERBES NEUTRES.

Les verbes neutres se conjuguent comme les verbes actifs, mais ils n'ont point de passif : comme *noceo*, je nuis à ; *studeo*, j'étudie ; *faveo*, je favorise.

La plupart des verbes neutres gouvernent le datif. Exemples : Il nuit aux autres, *nocet aliis* ; j'étudie la grammaire, *studeo grammaticæ* ; vous favorisez la noblesse, *faves nobilitati.*

SUPPLÉMENT AUX VERBES.

VERBES IRRÉGULIERS.

On appelle *irréguliers* les verbes qui , dans quelques-uns de leurs temps ou quelques-unes de leurs personnes , se conjuguent autrement que les quatre dont nous avons parlé.

VERBE NEUTRE PASSIF
DE LA SECONDE CONJUGAISON.

On l'appelle *neutre passif*, parce qu'il a le parfait et les temps qui en sont formés terminés en *us*, comme le passif. Il se conjugue comme *moneo,* excepté les parfaits qui se conjuguent comme *monitus sum*, etc. C'est pourquoi on a indiqué seulement la première personne de chaque temps.

INDICATIF.

Présent.	Gaudeo ,	*je me réjouis* , etc.
Imparfait.	Gaudebam ,	*je me réjouissais* , etc.
Parfait.	Gavisus sum *ou* fui,	*je me suis réjoui*, etc.
Plusque-p.	Gavisus eram *ou* fueram ,	*je m'étais réjoui*, etc.
Futur.	Gaudebo ,	*je me réjouirai* , etc.
Futur pass.	Gavisus ero *ou* fuero,	*je me serai réjoui*, etc.

IMPÉRATIF.

Gaude *ou* Gaudeto, *réjouis-toi*, etc.

SUBJONCTIF.

Présent.	Gaudeam ,	*que je me réjouisse* , etc.
Imparfait.	Gauderem ,	*que je me réjouisse* ou *je me réjouirais.*
Parfait.	Gavisus sim *ou* fuerim ,	*que je me sois réjoui,* etc.
Plusque-p.	Gavisus essem *ou* fuissem ,	*que je me fusse réjoui*, etc.

INFINITIF. — PRÉSENT ET IMPARFAIT.

Gaudere , *se réjouir.*

PARFAIT ET PLUSQUE-PARFAIT.

Gavisum esse *ou*
    fuisse,   *s'être réjoui.*

FUTUR.

Gavisurum esse,   *devoir se réjouir, qui se réjouira.*

FUTUR PASSÉ.

Gavisurum fuisse,   *avoir dû se réjouir.*

PARTICIPE PRÉSENT,

Gaudens, gaudentis *se réjouissant.*

PARTICIPE PASSÉ.

Gavisus, gavisa,
    gavisum,   *s'étant réjoui.*

PARTICIPE FUTUR.

Gavisurus, gavisu—
    ra, gavisurum,   *devant se réjouir.*

SUPINS.

Gavisum,   *à se réjouir.*
Gavisu,   *à être réjoui.*

GÉRONDIFS.

Gaudendi,   *de se réjouir.*
Gaudendo,   *en se réjouissant.*
Gaudendum,   *à se réjouir* ou *pour se réjouir.*

Ainsi se conjuguent *audere, audeo, ausus sum,* oser; *solere, soleo, solitus sum,* avoir coutume.

VERBE IRRÉGULIER,

DE LA TROISIÈME CONJUGAISON.

INDICATIF. — PRÉSENT.

Sing.	Fero,	*je porte.*
	Fers,	*tu portes.*
	Fert,	*il porte.*
Plur.	Ferimus	*nous portons.*
	Fertis,	*vous portez*
	Ferunt,	*ils portent.*
Imparfait.	Ferebam.	*je portais,* etc
Parfait.	Tuli,	*j'ai porté,* etc.
Plusque-p.	Tuleram,	*j'avais porté,* etc.
Futur.	Feram,	*je porterai,* etc.
Fut. passé.	Tulero,	*j'aurai porté,* etc.

IMPÉRATIF.

Sing.	Fer *ou* Ferto,	*porte.*
	Ferto (ille)	*qu'il porte.*

Plur.	Feramus,	portons.
	Ferte *ou* fertote,	portez.
	Ferunto,	qu'ils portent.

SUBJONCTIF.

Présent.	Feram,	que je porte, etc.
Imparfait.	Ferrem,	que je portasse ou je porterais, etc.
Parfait.	Tulerim,	que j'aie porté, etc.
Plusque-p.	Tulissem,	que j'eusse porté ou j'aurais porté, etc.

INFINITIF. — PRÉSENT ET IMPARFAIT.

| Ferre, | porter. |

PARFAIT ET PLUSQUE-PARFAIT.

| Tulisse, | avoir porté. |

FUTUR.

| Laturum esse, | devoir porter, qu'il portera ou qu'il porterait. |

FUTUR PASSÉ.

| Laturum fuisse, | avoir dû porter, qu'il aurait porté. |

PARTICIPE PRÉSENT.

| Ferens, ferentis, | portant. |

PARTICIPE FUTUR.

| Laturus, latura, laturum, | devant porter. |

SUPIN.

| Latum | à porter. |

GÉRONDIF.

Ferendi,	de porter.
Ferendo,	en portant.
Ferendum	à porter ou pour porter.

Ainsi se conjuguent les composés de *fero*, comme *offero, offers, obtuli, oblatum, offerre*; offrir, *differo, differs, distuli, dilatum, differre*, différer, etc.

PASSIF. — *FEROR*.

INDICATIF. — PRÉSENT.

Sing.	Feror,	je suis porté.
	Fereris *ou* ferere,	tu es porté.
	Fertur,	il est porté.
Plur.	Ferimur,	nous sommes portés.
	Ferimini,	vous êtes portés.

	Feruntur,	*ils sont portés.*
Imparfait.	Ferebar,	*j'étais porté.*
Parfait.	Latus sum *ou* fui,	*j'ai été porté.*
Plusque-p.	Latus eram *ou* fueram,	*j'avais été porté*, etc.
Futur.	Ferar,	*je serai porté*, etc.
Futur pass.	Latus ero *ou* fuero,	*j'aurais été porté*, etc.

IMPERATIF.

Sing.	Ferre ou fertor,	*sois porté.*
	Fertor (*ille*),	*qu'il soit porté.*
Plur.	Feramur,	*soyons portés.*
	Ferimini,	*soyez portés.*
	Feruntor,	*qu'ils soient portés.*

SUBJONTIF.

Présent.	Ferar,	*que je sois porté*, etc.
Imparfait.	Ferrer,	*que je fusse porté ou je serais porté*, etc.
Parfait.	Latus sim *ou* fuerim,	*que j'aie été porté*, etc.
Plusque-p.	Latus essem *ou* fuissem,	*que j'eusse été porté*, etc.

INFINITIF. — PRÉSENT ET IMPARFAIT.

Ferri,   *être porté.*

PARFAIT ET PLUSQUE-PARFAIT.

Latum esse *ou* fuisse,   *avoir été porté.*

FUTUR.

Latum iri *ou* ferendum esse,   *devoir être porté.*

FUTUR PASSÉ.

Ferendum fuisse, *qu'il eût ou qu'il aurait été porté.*

PARTICIPE PASSÉ.

Latus, lata, latum, *porté, ayant été porté.*

PARTICIPE FUTUR.

Ferendus, ferenda, ferendum,   *devant être porté.*

SUPIN.

Latu,   *à être porté.*

VERBES IRRÉGULIERS
DE LA QUATRIÈME CONJUGAISON.
INDICATIF. — PRÉSENT.

Sing.	Eo,	*je vais* ou *je vai.*	
	Is,	*tu vas.*	
	It,	*il va.*	
Plur.	Imus,	*nous allons.*	
	Itis,	*vous allez.*	
	Eunt,	*ils vont.*	
Imparfait.	Ibam,	*j'allais.*	Ibas, etc.
Parfait.	Ivi,	*je suis allé.*	Ivisti, etc.
Plusque-p.	Iveram,	*j'étais allé.*	Iveras, etc.
Futur.	Ibo,	*j'irai.*	Ibis, etc.
Futur pass.	Ivero,	*je serai allé.*	Iveris, etc.

IMPÉRATIF.

Sing.	I *ou* ito ;	*va.*
	Ito (*ille*),	*qu'il aille.*
Plur.	Eamus,	*allons.*
	Ite *ou* itote,	*allez.*
	Eunto,	*qu'ils aillent.*

SUBJONCTIF.

Présent.	Eam.	*que j'aille,*	Eas, etc.
Imparfait.	Irem,	*que j'allasse.*	Ires, etc.
Parfait.	Iverim,	*que je sois allé.*	
Plusque-p.	Ivissem,	*que je fusse allé.*	

INFINITIF. — PRÉSENT ET IMPARFAIT.

Ire,   aller.

PARFAIT ET PLUSQUE-PARFAIT.

Ivisse,   *être allé.*

FUTUR.

Iturum esse,   *devoir aller, qu'il ira* ou *qu'il irait.*

FUTUR PASSÉ.

Iturum fuisse,   *avoir dû aller, qu'il serait allé.*

PARTICIPE PRÉSENT.

Iens, euntis,   *allant, qu'il va.*

PARTICIPE FUTUR.

Iturus, itura, itu-
rum   *devant aller, qui ira.*

SUPIN.

Itum,   *à aller.*

5

GÉRONDIFS.

Eundi,	d'aller.
Eundo,	en allant.
Eundum,	à aller ou pour aller.

Ainsi se conjuguent *exire*, *exeo*, *is*, sortir ; *perire*, *pereo*, *is*, périr ; *redire*, *redeo*, *is*, revenir ; *adire*, *adeo*, *is*, aller trouver ; *transire*, *transeo*, *is*, passer ; *præterire*, *prætereo*, *is*, passer outre *ou* après.

VERBE *Fio*.

Quand le verbe *Fio* signifie *je deviens*, il est verbe substantif ; et quand il signifie *être fait*, c'est le passif du verbe *facere*.

INDICATIF. — PRÉSENT.

Sing.	Fio,	je deviens.
	Fis,	tu deviens.
	Fit,	il devient.
Plur.	Fimus,	nous devenons.
	Fitis,	vous devenez.
	Fiunt,	ils deviennent.
Imparfait.	Fiebam,	je devenais. Fiebas, etc.
Parfait.	Factus sum *ou* fui,	je suis devenu.
Plusque-p.	Factus eram *ou* fueram,	j'étais devenu.
Futur.	Fiam,	je deviendrai. Fies, etc.
Futur passé.	Factus ero *ou* fuero,	je serai devenu.

IMPÉRATIF.

Sing.	Fi,	deviens.
Plur.	Fite *ou* fitote,	devenez.

SUBJONCTIF.

Présent.	Fiam,	que je devienne. Fias, etc.
Imparfait.	Fierem,	que je devinsse *ou* je deviendrais.
Parfait.	Factus sim *ou* fuerim,	que je sois devenu.
Plusque-p.	Factus essem *ou* fuissem,	que je fusse devenu.

INFINITIF. — PRÉSENT ET IMPARFAIT.

Fieri,	devenir.

PARFAIT ET PLUSQUE-PARFAIT.

Factum esse *ou* fuisse,	être devenu.

FUTUR.

Factum iri *ou* fa-   *qu'il deviendra ou qu'il devien-*
ciendum esse,   *drait.*

FUTUR PASSÉ.

Faciendum fuisse,   *qu'il serait ou qu'il fût devenu*

PARTICIPE PASSÉ.

Factus, a, um ,   *étant devenu, ou ayant été fait.*
Faciendus, a, um ,   *devant être fait.*

SUPIN.

Fact u ,   *à devenir ou à être fait.*

VERBES *VOLO, NOLO, MALO.*

INDICATIF. — PRÉSENT.

Sing.	Volo ,	*je veux,*
	Vis ,	*tu veux.*
	Vult ,	*il veut.*
Plur.	Volumus,	*nous voulons.*
	Vultis,	*vous voulez.*
	Volunt ,	*ils veulent.*
Imparfait.	Volebam ,	*je voulais* , etc.
Parfait.	Volui ,	*j'ai voulu,* etc.
Plusque-p.	Volueram	*j'avais voulu* , etc.
Futur.	Volam ,	*je voudrai.* Voles., etc.
Futur pass.	Voluero,	*j'aurai voulu,* etc.

SUBJONCTIF. — PRÉSENT.

Sing.	Velim ,	*que je veuille.*
	Velis ,	*que tu veuilles.*
	Velit ,	*qu'il veuille.*
Plur.	Velimus,	*que nous voulions.*
	Velitis,	*que vous vouliez.*
	Velint ,	*qu'ils veuillent.*
Imparfait.	Vellem ,	*que je voulusse ou je voudrais.*
Parfait.	Voluerim ,	*que j'aie voulu.*
Plusque-p.	Voluissem ,	*que j'eusse voulu ou j'aurais voulu.*

INFINITIF. — PRÉSENT ET IMPARFAIT.

Velle ,   *vouloir.*

PARFAIT ET PLUSQUE PARFAIT.

Voluisse   *avoir voulu.*

PARTICIPE PRÉSENT.

Volens ,   *voulant, qui veut.*

Ainsi se conjuguent *nolo*, je ne veux pas, et *malo*, j'aime mieux.

INDICATIF. — PRÉSENT.

Sing.	Nolo,	je ne veux pas.
	Non vis,	tu ne veux pas.
	Non vult,	il ne veut pas.
Plur.	Nolumus,	nous ne voulons pas.
	Non vultis	vous ne voulez pas.
	Nolunt,	ils ne veulent pas.

IMPÉRATIF.

Sing.	Noli *ou* nolito,	ne veuille pas.
	Nolito *(ille)*,	qu'il ne veuille pas.
Plur.	Nolimus,	ne veuillons pas.
	Nolite *ou* Nolitote,	ne veuillez pas.
	Nolunto,	qu'ils ne veuillent pas

SUBJONCTIF. — PRÉSENT.

Nolim,	que je ne veuille pas.

INFINITIF. — PRÉSENT.

Nolle,	ne vouloir pas.

INDICATIF. — PRESENT.

Sing.	Malo,	j'aime mieux.
	Mavis,	tu aimes mieux.
	Mavult,	il aime mieux.
Plur.	Malumus,	nous aimons mieux.
	Mavultis,	vous aimez mieux.
	Malunt,	ils aiment mieux.

SUBJONCTIF. — PRESENT.

Malim,	que j'aime mieux.

INFINITIF. — PRESENT ET IMPARFAIT.

Malle,	aimer mieux.

VERBES IRRÉGULIERS

COMPOSÉS DE *SUM.*

INDICATIF. — PRÉSENT.

Sing.	Possum,	je peux *ou* je puis.
	Potes,	tu peux.
	Potest,	il peut.
Plur.	Possumus,	nous pouvons.

	Potestis ,	vous pouvez.
	Possunt ,	ils peuvent.
Imparfait.	Poteram	je pouvais , Poteras, etc.
Parfait.	Potui ,	j'ai pu , Potuisti, etc.
Plusque-p.	Potueram ,	j'avais pu , Potueras . etc.
Futur.	Potero ,	je pourrai , Poteris , etc.
Futur pass.	Potuero ,	j'aurai pu, etc.

SUBJONCTIF.

Présent.	Possim ,	que je puisse. Possis , etc.
Imparfait.	Possem	que je pusse ou je pourrais
Parfait.	Potuerim ,	que j'aie pu.
Plusque-p.	Potuissem ,	que j'eusse pu ou j'aurais pu ,etc

INFINITIF. — PRESENT ET IMPARFAIT.

Posse ,	pouvoir.

PARFAIT ET PLUSQUE-PARFAIT.

Potuisse ,	avoir pu.

PROSUM JE SERS.

Sing.	Prosum ,	je sers.
	Prodes ,	tu sers.
	Prodest ,	il sert.
Plur.	Prosumus ,	nous servons.
	Prodestis ,	vous servez.
	Prosunt ,	ils servent.
Imparfait.	Proderam ,	je servais , etc.
Parfait.	Profui ,	j'ai servi, etc.
Plusque-p.	Profueram ,	j'avais servi, etc.
Futur.	Prodero ,	je servirai , etc.
Futur pass.	Profuero ,	j'aurai servi , etc.

IMPÉRATIF.

Sing.	Prodesou prodesto,	sers.
	Prodesto *(ille)* ,	qu'il serve.
Plur.	Prosimus ,	servons.
	Prodeste *ou* pro-destote ,	servez.
	Prosunto ,	qu'ils servent.

SUBJONCTIF.

Présent.	Prosim ,	que je serve.
Imparfait.	Prodessem ,	que je servisse ou je servirais, etc
Parfait.	Profuerim ,	que j'aie servi , etc.
Plusque-p.	Profuissem	que j'eusse ou j'aurais servi,etc.

INFINITIF. — PRESENT ET IMPARFAIT.

Prodesse ,	servir.

PARFAIT ET PLUSQUE-PARFAIT

Profuisse,   *avoir servi.*

FUTUR.

Profuturum esse, *devoir servir, qu'il servira.*

FUTUR PASSE.

Profuturum fuisse, *qu'il eût ou aurait servi.*

PARTICIPE FUTUR.

Profuturus, a, um, *devant servir.*

AUTRE VERBE IRRÉGULIER

QUI N'A GUÈRE QUE LES TEMPS ET LES PERSONNES QUI SUIVENT

INDICATIF. — PRESENT.

Sing.	Queo ,	*je peux ou je puis.*
	Quis ,	*tu peux.*
	Quit ,	*il peut.*
Plur.	Quimus ,	*nous pouvons.*
	Quitis ,	*vous pouvez.*
	Queunt ,	*ils peuvent.*
Imparfait.	Quibam ,	*je pouvais.* Quibamus.
Parfait.	Quivi ,	*j'ai pu.*
	Quivimus ,	*nous avons pu.*
Plusque-p.	Quiveram	*j'avais pu.*
Futur.	Quibo ,	*je pourrai.*
Futur pass.	Quivero ,	*j'aurai pu.*

SUBJONCTIF. — PRESENT.

Sing.	Queam ,	*que je puisse.*
	Queas ,	*que tu puisses.*
	Queat ,	*qu'il puisse.*
Plur.	Queamus ,	*que nous puissions.*
	Queatis ,	*que vous puissiez.*
	Queant ,	*qu'ils puissent.*
Imparfait.	Quirem ,	*que je pusse ou je pourrais.*
	Quiremus	*que nous pussions.*
Parfait.	Quiverim ,	*que j'aie pu.*
	Quiverimus ,	*que nous ayons pu.*
Plusque-p.	Quivissem ,	*que j'eusse pu.*
	Quivissemus ,	*que nous eussions pu.*

INFINITIF. — PRESENT ET IMPARFAIT.

Quire ,   *pouvoir.*

PARFAIT ET PLUSQUE-PARFAIT,

Quivisse ,   *avoir pu.*

Ainsi se conjugue, *nequire, nequeo,* ne pouvoir pas.

VERBES DÉFECTUEUX.

On appelle *défectueux* les verbes auxquels il manque plusieurs personnes ou plusieurs temps.

INDICATIF. — PRÉSENT.

Sing.	Memini,	*je me souviens.*
	Meministi,	*tu te souviens.*
	Miminit,	*il se souvient.*
Plur.	Meminimus,	*nous nous souvenons.*
	Meministis,	*vous vous souvenez.*
	Meminerunt ou	
	meminére,	*ils se souviennent*
Imparfait.	Memineram,	*je me souvenais.*
	Mineras,	*tu te souvenais.*

Point de parfait ni de plusque-parfait.

FUTUR.

Sing.	Meminero,	*je me souviendrai.*
	Memineris,	*tu te souviendras.*
	Meminerit,	*il se souviendra.*
Plur.	Meminerimus,	*nous nous souviendrons.*
	Memineritis,	*vous vous souviendrez.*
	Meminerint,	*ils se souviendront.*

IMPÉRATIF.

Sing.	Memento,	*souviens-toi.*
	Memento (ille),	*qu'il se souvienne.*
Plur.	Mementote,	*souvenez-vous.*

SUBJONCTIF.

Présent.	Meminerim,	*que je me souvienne.*
	Memineris,	*que tu te souviennes.*
Imparfait.	Meminissem	*que je me souvinsse ou je me souviendrais.*
	Meminisses,	*que tu te souvinsses ou tu te souviendrais, etc.*

INFINITIF. — PRÉSENT ET IMPARFAIT.

Meminisse,	*se souvenir.*

Ainsi se conjuguent *novi*, je connais; *cœpi*, je commence; *odi*, je hais : ce dernier fait au prétérit *osus sum* ou *fui*, j'ai haï, etc.; et au plusque-parfait *osus eram* ou *fueram*, j'avais haï, etc.; mais ils n'ont pas d'impératif.

AIO, JE DIS.

INDICATIF. — PRESENT.

Sing. Aio, *je dis.*
Ais, *tu dis.*
Ait, *il dit.*
Plur. Aiunt, *ils disent.*

IMPARFAIT.

Sing. Aiebam, *je disais.*
Aiebas, *tu disais.*

PARFAIT.

Sing. Aisti, *tu as d.t.*
Plur. Aistis, *vous avez dit*

SUBJONCTIF. — PRESENT.

Sing. Aias, *que tu dises.*
Aiat, *qu'il dise.*

PARTICIPE PRESENT.

Aiens, aientis, *dirant.*

INQUAM, DIS-JE.

INDICATIF. — PRESENT

Sing. Inquam, *dis-je.*
Inquis, *dis-tu.*
Inquit, *dit-il.*
Plur. Inquimus, *disons-nous.*
Inquitis, *dites-vous.*
Inquiunt, *disent-ils.*

IMPARFAIT.

Sing. Inquiebat, *disait-il.*
Plur. Inquiebant, *disaient-ils.*

PARFAIT.

Inquisti, *as-tu dit.*
Inquit, *a-t-il dit.*
Inquistis, *avez-vous dit.*

FUTUR.

Inquies, *diras-tu.*
Inquiet, *dira-t-il.*

IMPÉRATIF.

Inque, inquito, *dis.*

SUBJONCTIF.

Inquiat, *qu'il dise.*

VERBES IMPERSONNELS.

On appelle *impersonnels* les verbes qui n'ont que la troisième personne du singulier.

OPORTET, IL FAUT.

INDICATIF. — PRESENT.

Oportet, *il faut.*

IMPARFAIT.

Oportebat, *il fallait.*

PARFAIT.

Oportuit, *il a fallu.*

PLUSQUE-PARFAIT.

Oportuerat, *il avait fallu.*

FUTUR.

Oportebit, *il faudra.*

FUTUR PASSE.

Oportuerit, *il aura fallu.*

SUBJONCTIF. — PRESENT.

Oporteat, *qu'il faille.*

IMPARFAIT.

Oporteret, *qu'il fallût* ou *qu'il faudrait.*

PARFAIT.

Oportuerit, *qu'il ait fallu.*

PLUSQUE-PARFAIT.

Oportuisset, *qu'il eût fallu.*

INFINITIF. — PRESENT.

Oportere, *falloir.*

PARFAIT.

Oportuisse, *avoir fallu.*

Ainsi se conjuguent *decet*, il convient ; *licet*, il est permis ; *libet*, il plaît ; *liquet*, il est clair.

VERBE *POENITET*.

Ce verbe se conjugue dans tous ses temps avec les pronoms accusatifs *me*, *te*, *illum*, *illam* (ou un nom) au singulier, et *nos*, *vos*, *illos*, *illas*, (ou un nom) au pluriel.

INDICATIF. — PRÉSENT.

Sing. me Pœnitet, *je me repens.*
   te Pœnitet, *tu te repens.*
illum, illam Pœnitet, *il, elle se repent.*
Plur. nos Pœnitet, *nous nous repentons.*
   vos Pœnitet, *vous vous repentez.*
illos, illas Pœnitet, *ils, elles se repentent.*
Imparfait. me Pœnitebat, *je me repentais.*
Parfait. me Pœnituit, *je me suis repenti.*
Plusque-p. me Pœnituerat, *je m'étais repenti.*
Futur. me Pœnitebit, *je me repentirai.*
Fut. passé. me Pœnituerit, *je me serai repenti.*

SUBJONCTIF.

Présent. me Pœniteat, *que je me repente.*
Imparfait. me Pœniteret, *que je me repentisse* ou *je me repentirais.*
Parfait. me Pœnituerit, *que je me sois repenti.*
Plusque-p. me Pœnituisset, *que je me fusse repenti* ou *je me serais repenti.*

INFINITIF. — PRÉSENT ET IMPARFAIT.

Pœnitere, *se repentir.*

PARFAIT ET PLUSQUE-PARFAIT.

Pœnituisse, *s'être repenti.*

PARTICIPE PRÉSENT.

Pœnitens, pœnitentis, *se repentant.*

PARTICIPE FUTUR PASSIF.

Pœnitendus, Pœnitenda, Pœnitendum, *dont on doit se repentir.*

GÉRONDIFS.

Pœnitendi, *de se repentir.*
Pœnitendo, *en se repentant.*
Pœnitendum, *à se repentir* ou *pour se repentir.*

Ainsi se conjuguent *me pudet*, j'ai honte ; *me piget*, je suis fâché ; *me tædet*, je m'ennuie ; *me miseret*, j'ai compassion.

5..

VERBE *SATISFIERI*.

Ces deux verbes *Satisfieri*, être satisfait, *Persuasum esse*, être persuadé, se conjuguent de cette sorte :

INDICATIF. — PRÉSENT.

Sing. mihi Satisfit, *je suis satisfait.*
tibi Satisfit, *tu es satisfait.*
illi Satisfit, *il est satisfait.*
Plur. nobis Satisfit, *nous sommes satisfaits.*
vobis Satisfit, *vous êtes satisfaits.*
illis Satisfit, *ils sont satisfaits.*

IMPARFAIT.

Sing. mihi Satisfiebat, *j'étais satisfait.*
tibi Satisfiebat, *tu étais satisfait.*
illi Satisfiebat, *il était satisfait.*
Plur. nobis Satisfiebat, *nous étions satisfaits.*
vobis Satisfiebat, *vous étiez satisfaits.*
illis Satisfiebat, *ils étaient satisfaits.*

PARFAIT.

Sing. mihi Satisfactum est
ou fuit, *j'ai été ou je fus satisfait.*
tibi Satisfactum est
ou fuit, *tu as été ou tu fus satisfait.*
illi Satisfactum est
ou fuit, *il a été ou il fut satisfait.*
Plur. nobis Satisfactum est
ou fuit, *nous avons été ou nous fûmes satisfaits.*
vobis Satisfactum est
ou fuit, *vous avez été ou vous fûtes satisfaits.*
illis Satisfactum est
ou fuit, *ils ont été ou ils furent satisfaits.*

PLUSQUE-PARFAIT.

Sing. mihi Satisfactum fuerat, *j'avais été satisfait.*
tibi Satisfactum fuerat, *tu avais été satisfait.*
illi Satisfactum fuerat, *il avait été satisfait.*
Plur. nobis Satisfactum fuerat, *nous avions été satisfaits.*
vobis Satisfactum fuerat, *vous aviez été satisfaits.*
illis Satisfactum fuerat, *ils avaient été satisfaits*

FUTUR.

Sing. mihi Satisfiet, *je serai satisfait.*
tibi Satisfiet, *tu seras satisfait.*
illi Satisfiet, *il sera satisfait.*

Plur. nobis Satisfiet,   *nous serons satisfaits,*
    vobis Satisfiet,   *vous serez satisfaits.*
    illis Satisfiet ,   *ils seront satisfaits.*

FUTUR PASSÉ.

Sing. mihi Satisfactum fuerit, *j'aurai été satisfait.*
    tibi Satisfactum fuerit, *tu auras été satisfait.*
    illi Satisfactum fuerit, *il aura été satisfait.*
Plur. nobis Satisfactum fuerit, *nous aurons été satisfaits.*
    vobis Satisfactum fuerit, *vous aurez été satisfaits.*
    illis Satisfactum fuerit, *ils auront été satisfaits.*

IMPÉRATIF.

Point de première personne.

Sing. tibi Satisfiat ,   *sois satisfait.*
    illi Satisfiat ,   *qu'il soit satisfait.*
Plur. nobis Satisfiat,   *soyons satisfaits.*
    vobis Satisfiat,   *soyez satisfaits.*
    illis Satisfiat ,   *qu'ils soient satisfaits.*

SUBJONCTIF. — PRÉSENT.

Sing. mihi Satisfiat ,   *que je sois satisfait.*
    tibi Satisfiat.,   *que tu sois satisfait.*
    illi Satisfiat ,   *qu'il soit satisfait.*
Plur. nobis Satisfiat,   *que nous soyons satisfaits.*
    vobis Satisfiat,   *que vous soyez satisfaits.*
    illis Satisfiat;   *qu'ils soient satisfaits.*

IMPARFAIT.

Sing mihi Satisfieret,   *que je fusse ou je serais*
                              satisfait.
    tibi Satisfieret,   *que tu fusses ou tu serais*
                              satisfait.
    illi Satisfieret ,   *qu'il fût ou il serait satisfait.*
Plur. nobis Satisfieret ,   *que nous fussions ou nous serions*
                              satisfaits.
    vobis Satisfieret ,   *que vous fussiez ou vous serez*
                              satisfaits.
    illis Satisfieret,   *qu'ils fussent ou ils seraient*
                              satisfaits.

PARFAIT.

Sing. mihi Satisfactum fuerit, *que j'aie été satisfait.*
    tibi Satisfactum fuerit, *que tu aies été satisfait.*
    illi Satisfactum fuerit, *qu'il ait été satisfait.*
Plur. nobis Satisfactum fuerit, *que nous ayons été satisfaits.*
    vobis Satisfatum fuerit, *que vous ayez été satisfaits.*
    illis Satisfactum fuerit, *qu'ils aient été satisfaits.*

PLUSQUE-PARFAIT.

Sing. mihi Satisfactum fuisset, *que j'eusse* ou *j'aurais été satisfait.*

tibi Satisfactum fuisset, *que tu eusses* ou *tu aurais été satisfait.*

illi Satisfactum fuisset, *qu'il eût* ou *il aurait été satisfait.*

Plur. nobis Satisfactum fuisset, *que nous eussions* ou *nous aurions été satisfaits.*

vobis Satisfactum fuisset, *que vous eussiez* ou *vous auriez été satisfaits.*

illis Satisfactum fuisset, *qu'ils eussent* ou *ils auraient été satisfaits.*

INFINITIF. — PRÉSENT ET IMPARFAIT.

Satisfieri, *être satisfait.*

PARFAIT ET PLUSQUE-PARFAIT.

Satisfactum fuisse, *avoir été satisfait.*

FUTUR.

Satisfactum iri *ou* satisfaciendum esse, *devoir être satisfait.*

VERBE *PERSUASUM ESSE.*

INDICATIF. — PRÉSENT.

Sing. mihi Persuasum est, *je suis persuadé* ou *je suis assuré.*

tibi Persuasum est, *tu es persuadé.*

illi Persuasum est, *il est persuadé.*

Plur. nobis Persuasum est, *nous sommes persuadés.*

vobis Persuasum est, *vous êtes persuadés.*

illis Persuasum est, *ils sont persuadés.*

IMPARFAIT.

Sing. mihi Persuasum erat, *j'étais persuadé.*

tibi Persuasum erat, *tu étais persuadé.*

illi Persuasum erat, *il était persuadé.*

Plur. nobis Persuasum erat, *nous étions persuadés.*

vobis Persuasum erat, *vous étiez persuadés.*

illis Persuasum erat, *ils étaient persuadés.*

PARFAIT.

Sing. mihi Persuasum fuit, *j'ai été* ou *je fus persuadé.*

tibi Persuasum fuit, *tu as été* ou *tu fus persuadé.*

illi Persuasum fuit, *il a été* ou *il fut persuadé.*

Plur. nobis Persuasum fuit, *nous avons été ou nous fûmes persuadés.*

vobis Persuasum fuit, *vous avez été ou vous fûtes persuadés.*

illis Persuasum fuit, *ils ont été ou ils furent persuadés.*

PLUSQUE-PARFAIT.

Sing. mihi Persuasum fuerat, *j'avais été persuadé.*

tibi Persuasum fuerat, *tu avais été persuadé.*

illi Persuasum fuerat, *il avait été persuadé.*

Plur. nobis Persuasum fuerat, *nous avions été persuadés.*

vobis Persuasum fuerat, *vous aviez été persuadés.*

illis Persuasum fuerat, *ils avaient été persuadés.*

FUTUR.

Sing. mihi Persuasum erit, *je serai persuadé.*

tibi Persuasum erit, *tu seras persuadé.*

illi Persuasum erit, *il sera persuadé.*

Plur. nobis Persuasum erit, *nous serons persuadés.*

vobis Persuasum erit, *vous serez persuadés.*

illis Persuasum erit, *ils seront persuadés.*

FUTUR PASSÉ.

Sing. mihi Persuasum fuerit, *j'aurais été persuadé.*

tibi Persuasum fuerit, *tu auras été persuadé.*

illi Persuasum fuerit, *il aura été persuadé.*

Plur. nobis Persuasum fuerit, *nous aurons été persuadés.*

vobis Persuasum fuerit, *vous aurez été persuadés.*

illis Persuasum fuerit, *ils auront été persuadés.*

IMPÉRATIF.

Point de première personne.

Sing. tibi Persuasum sit, *sois persuadé.*

illi Persuasum sit, *qu'il soit persuadé.*

Plur. nobis Persuasum sit, *soyons persuadés.*

vobis Persuasum sit, *soyez persuadés.*

illis Persuasum sit, *qu'ils soient persuadés.*

SUBJONCTIF. — PRÉSENT.

Sing. mihi Persuasum sit, *que je sois persuadé.*

tibi Persuasum sit *que tu sois persuadé.*

illi Persuasum sit, *qu'il soit persuadé.*

Plur. nobis Persuasum sit, *que nous soyons persuadés*

vobis Persuasum sit, *que vous soyez persuadés.*

illis Persuasum sit, *qu'ils soient persuadés*

IMPARFAIT.

Sing. mihi Persuasum esset, *que je fusse ou je serais persuadé.*

tibi Persuasum esset. *que tu fusses ou tu serais persuadé.*

illi Persuasum esset, *qu'il fût* ou *il serait persuadé.*

Plur. nobis Persuasum esset, *que nous fussions* ou *nous serions persuadés.*

vobis Persuasum esset, *que vous fussiez* ou *vous seriez persuadés.*

illis Persuasum esset, *qu'ils fussent* ou *ils seraient persuadés.*

PARFAIT.

Sing. mihi Persuasum fuerit, *que j'aie été persuadé.*

tibi Persuasum fuerit, *que tu aies été persuadé.*

illi Persuasum fuerit, *qu'il ait été persuadé.*

Plur. nobis Persuasum fuerit, *que nous ayons été persuadés.*

vobis Persuasum fuerit, *que vous ayez été persuadés.*

illis Persuasum fuerit, *qu'ils aient été persuadés.*

PLUSQUE-PARFAIT.

Sing. mihi Persuasum fuisset, *que j'eusse* ou *j'aurais été persuadé.*

tibi Persuasum fuisset, *que tu eusses* ou *tu aurais été persuadé.*

illi Persuasum fuisset, *qu'il eût* ou *il aurait été persuadé.*

Plur. nobis Persuasum fuisset, *que nous eussions* ou *nous aurions été persuadés.*

vobis Persuasum fuisset, *que vous eussiez* ou *vous auriez été persuadés.*

illis Persuasum fuisset, *qu'ils eussent* ou *ils auraient été persuadés.*

INFINITIF. — PRÉSENT ET IMPARFAIT.

Persuasum esse, *être persuadé.*

PARFAIT ET PLUSQUE-PARFAIT.

Persuasum fuisse, *avoir été persuadé.*

FUTUR.

Persuasum fore, *devoir être persuadé.*

Il n'a point d'autre temps.

IMPERSONNEL PASSIF.

L'impersonnel passif est la troisième personne du singulier passif dans tous les temps.

INDICATIF. — PRÉSENT.
Dicitur, *on dit.*

FUTUR PASSÉ.
Dictum erit
ou fuerit, *il aura été dit.*

IMPARFAIT.
Dicebatur, *on disait.*

SUBJONCTIF. — PRÉSENT.
Dicatur, *qu'on dise.*

PARFAIT.
Dictum est *ou on a dit ou il a*
fait, *été dit.*

IMPARFAIT.
Diceretur, *qu'on dît*

PARFAIT.

PLUSQUE-PARFAIT.
Dictum erat *on avait dit ou il*
ou fuerat, *avait été dit.*

Dictum sit
ou fuerit, *qu'il ait été dit.*

PLUSQUE-PARFAIT.

FUTUR.
Dicetur, *on dira.*

Dictum esset *qu'il eût été dit*
ou fuisset, *ou il aurait été*
dit.

On peut faire impersonnels tous les Verbes actifs ou neutres.

CINQUIÈME ESPÈCE DE MOTS.

PARTICIPES, GÉRONDIFS ET SUPINS.

I. Les *participes* sont des adjectifs qui viennent des verbes ; ils s'accordent en genre, en nombre et en cas avec le nom auquel ils sont joints, et de plus ils gouvernent le même cas que le verbe d'où ils viennent; c'est pour cela qu'on les nomme *participes*, parce qu'ils tiennent de l'adjectif et du verbe.

Exemples : L'enfant écoutant, devant écouter son maître, *puer audiens, auditurus magistrum suum.*

Un père étant aimé, devant être aimé de son fils, *pater amatus, amandus à filio suo.*

II. *Tempus legendi.* — *De* entre un nom de chose inanimée et un infinitif français veut le verbe latin au gérondif en *di.* Exemple. Le temps de lire, *tempus legendi.*

III. *Ambulat legendo.* — *En* avec le participe présent veut le verbe latin au gérondif en *do*. Exemple : Il se promène en lisant, *ambulat legendo.*

IV. *Legit ad discendum.* — *Pour* devant un infinitif français se rend en latin par *ad* avec le gérondif en *dum.* Exemple : il lit *pour* apprendre, *legit ad discendum.*

V. *Res jucunda auditu.* — Après les adjectifs agréable *à*, admirable *à*, facile *à*, l'infinitif français se rend en latin par le supin en *u.* Exemple : Chose agréable *à* entendre, c'est-à-dire *à* être entendue, *res jucunda auditu.*

VI. *Eo lusum.* — Quand il y a en français deux verbes de suite, et que le premier marque du mouvement, comme *aller*, *venir*, on met en latin le second au supin en *um.* Exemple : Je vais jouer, *eo lusum.*

J'irai les secourir, *ibo adjutum eos.*

Les gérondifs et les supins gouvernent le même cas que les verbes d'où ils viennent. Le temps d'étudier la grammaire, *tempus studendi grammaticæ.* (Le verbe *studere* gouverne le datif.)

SIXIÈME ESPÈCE DE MOTS.

ADVERBES.

L'*adverbe* est un mot indéclinable qui se joint le plus souvent à un verbe, et en détermine la signification.

Il y a différentes sortes d'adverbes.

POUR MARQUER LE TEMPS.	POUR INTERROGER.
Hodiè, *aujourd'hui.*	Cur, Quaré, Quamobrem,
Cras, *demain.*	Quid ità, *pourquoi?*
Heri, *hier.*	Quorsùm, *à quoi bon cela?*
Pridiè, *le jour de devant.*	An, An ne, Nùm, *est-ce que?*
Postridiè, *le lendemain.*	POUR ASSURER.
Perindiè, *après demain.*	Etiam, Ita, *oui.*

Certé, Sanè, Profectô, Quidem, *assurément*. (Quidem ne se met qu'après un mot.)

Equidem, *certes*. (Il ne s'emploie que pour *Ego quidem*.)

POUR NIER.

Non, Haud, *non, ne, ne point.*

Minimè, *point du tout.*

Nequaquàm, Neutiquàm, *nullement*.

POUR MARQUER LE DOUTE.

Forsan, Forsitan, Fortassè, *peut-être.*

Fortè, *par hasard.*

POUR MARQUER LA RESSEMBLANCE.

Ità, *ainsi.*

Quasi, *comme si.*

Quemadmodùm, *de même que.*

Sic, Sicut, Sicuti, Velut, Veluti, Ut, Uti, *comme, de même que.*

Tanquàm, *comme si, de même que si.*

POUR MARQUER L'UNION.

Simùl, Unà, *ensemble.*

Pariter, *pareillement.*

Conjunctìm, *conjointement.*

Universìm, *généralement.*

POUR MARQUER LA DIVISION.

Alioqui (devant une consonne), Alioquin (devant une voyelle), *autrement si cela n'était pas.*

Privatìm, Seorsìm, *en particulier, à part.*

POUR MONTRER.

En, Ecce, *voici, voilà.*

POUR EXHORTER.

Eia, Ecce, *courage.*

Age, Agedùm, (au singulier·) Agite, Agitedùm, (au plur.) *hé bien, ferme courage.*

POUR MARQUER LE DÉSIR.

Utinàm, *plaise à Dieu que, Dieu veuille que.*

POUR MARQUER LA MANIÈRE.

Doctè, *savamment.*

Pulchrè, *bien.*

Fortiter, *vaillamment*, etc.

Plusieurs adverbes ont un comparatif et un superlatif, comme:

Doctè, *doctement.*	Doctiùs, *plus doctement.*	Doctissimè, *très-doctement.*
Citò, *vite,*	Citiùs, *plus vite,*	Citissimè, *très-vite.*
Benè, *bien,*	Meliùs, *mieux,*	Optimè, *très-bien.*
Màlè, *mal,*	Pejùs, *plus mal,*	Pessimè, *très-mal.*
Sæpè, *souvent.*	Sæpiùs, *plus souvent,*	Sæpissimè, *très-souvent.*
Propè, *proche,*	Propiùs, *plus proche,*	Proximè, *très-proche.*
Nuper, *récemment,*	} *sans comparatif.*	} Nuperrimè, *tout récemment.*
Sans positif.	{ Potiùs, { *plutôt,*	Potissimè, *principalement.*

RÉGIME DE PLUSIEURS ADVERBES.

Les adverbes de quantité veulent le génitif.

Peu de vin, *parùm vini.*

Un peu de délai, *paululùm moræ.*

Assez de paroles, *satis verborum.*

Beaucoup d'eau, *multùm aquæ.*

Trop de piéges, *nimis insidiarum.*

Assez d'autres, *affatim aliorum.*

Les adverbes de temps et de lieu veulent le génitif.

Nulle part, en aucun lieu du monde, *nusquàm gentium.*

En quel lieu du monde ? *ubi terrarum, ubinàm gentium ?*

Pridiè, *postridiè*, veulent le génitif ou l'accusatif.

Le jour de devant les Calendes, *pridiè Calendarium* ou *Calendas*, (sous-ent. *antè.*)

Le jour d'après les Ides, *postridiè Iduum* ou *Idus*, (sous-ent. *post.*)

En, ecce, voici, voilà, veulent le nominatif ou l'accusatif.

Voici, voilà le loup, *en ecce lupus*, ou *lupum* : avec le nominatif on sous-entend *adest* ; avec l'accusatif on sous-entend *aspice.*

Ergò employé pour *causâ* veut le génitif, et se met après son régime : à cause de lui, *illius ergò.*

Instar, comme, veut de même le génitif, et se met après son régime : comme une montagne, *montis instar.*

Obviàm, au-devant, veut le datif : aller au-devant de quelqu'un, *ire obviàm alicui.*

SEPTIÈME ESPÈCE DE MOTS
PRÉPOSITION.

La *préposition* est un mot indéclinable qui, joint à un nom ou à un pronom, veut ce nom ou ce pronom à l'accusatif ou à l'ablatif.

Il y a trente prépositions qui gouvernent l'accusatif ; savoir :

Ad, *auprès, chez, pour.*

Adversùm, adversùs, *contre, vis-à-vis.*

Antè, *devant, avant.*

Apud, *auprès, chez.*

Circà, *auprès, environ.*

Circiter, *environ, à peu près.*

Circùm, *autour, à l'entour.*

Cis, citrà, *deçà, en deçà.*

Contrà, *contre, vis-à-vis, à l'opposite.*

Erga, *envers, à l'égard de.*

Extrà, *hors, outre, excepté.*

Infrà, *sous, au-dessous.*

Inter, *entre, parmi.*

Intrà, *dans, ou dedans, dans l'espace de.*

Juxtà, *auprès, proche.*

Ob, *pour, devant, à cause de.*

Propè, *proche, près de, auprès.*

Penès, *en la puissance de.*

Per, *par, durant, au travers de, pendant.*

Ponè, *après, derrière, par-derrière.*

Post, *après, depuis.*

Præter, *excepté, hormis, outre.*

Propter, *pour, à cause de.*

Secundùm, *selon, suivant, auprès de, le long de.*

Secùs, *après, le long de.*

Suprà, *sur, au-dessus de.*

Trans, *au-delà, par-delà.*

Versùs, *vers, du côté de.*

Ultrà, *au-delà, par-delà.*

Usquè, *jusqu'à.*

Il y a douze prépositions qui gouvernent l'ablatif.

A, ab, abs, *de, du, des, de-*
puis, par.

Absque, sinè, *sans.*

Clàm, *à l'insu de.*

Coràm, *devant, en présence*
de.

Cum, *avec.*

De, de, *sur ou touchant.*

È, ex, *de, par.*

Palàm, *devant, en présence de.*

Præ, *devant, en comparaison*
de, au-dessus de.

Pro, *pour, au lieu de, selon,*
devant.

Tenùs, *jusqu'à.*

Les quatre prépositions suivantes veulent l'accusatif quand elles sont jointes à un verbe de mouvement, et elles gouvernent l'ablatif quand elles sont jointes à un verbe de repos.

In, *en, dans, sur.*

Subter, *sous, au-dessous de.*

Sub, *sous, au-dessous de.*

Super, *sur, au-dessus de.*

OBSERVATION. Trois prépositions se mettent après leur régime, savoir :

1. Cum, *avec,* se met après les pronoms, *ego, tu, suî, nos, vos* et *qui, quæ, quod.* Ainsi, on dit : mecum, *avec moi,* tecum, *avec vous,* secum, *avec lui,* quocum, etc.

2. Tenùs, *jusqu'à,* veut l'ablatif lorsque son régime est singulier : capùlo tenùs *jusqu'à la garde;* mais il veut le génitif quand son régime est pluriel : aurium tenùs, *jusqu'aux oreilles.*

3. Versùs, *vers :* Orientem versùs *vers l'Orient;* on sous-entend *ad.*

HUITIÈME ESPÈCE DE MOTS.

CONJONCTION,

La conjonction est un mot indéclinable, qui sert à lier les parties du discours.

Il y a différentes sortes de conjonctions.

1° POUR JOINDRE.

Et, que, quo que, etiam, atque, ac, *et, aussi. (Que* ne
se met qu'après un mot.)

Prætereà, *outre cela.*

Càm, tum, *non-seulement,*
mais encore.

2° POUR SÉPARER.

Aut, vel, ve, *ou, ou bien.*

(Ve, ne se met qu'après un
mot.)

Sive, *soit que, sicut, comme.*

Nec, neque, *ne, n', non plus,*

3° POUR CONCLURE.

Ergò, igitur, *donc.*

Idèo, idcircò, itaque, *c'est*
pourquoi, c'est pour cela que.

4° POUR FAIRE DISTRIBUTION
    OU OPPOSITION.

Sed, sed enim, at, atque, porrò, autem, verò, *mais.* [*Autem*, et *verò* ne se mettent qu'après un mot.]

Itsi, etiamsi, licèt, quanquam, quamvis, tametsi, *bien que, quoique.*

Cùm, ut, *quoique, quand même.*

Imò, Imò verò, quin, quin etiam, quin potiùs, *mais au contraire, qui plus est.*

5° POUR RENDRE RAISON.

Nam, namque, enim, etenim, *car (Enim* ne se met qu'après un mot.)

Quod, quia, proptereà quod, quoniam, *parce que, puisque.*

Cùm, *lorsque, puisque.*

Ut, *afin que.*

Ne, *de peur que.*

Ità ut, sic ut, *de sorte que, tellement que.*

6° CONDITIONNELLES.

Dùm, dummodò, *pourvu que*

Modò ne, *pourvu que ne.*

Si, si modò, *si, sin, sinon.*

Sin minùs, sin aliter, *sinon, si cela n'était pas.*

Nisi, *sinon que si ce n'est que, à moins que.*

7° POUR MARQUER LE DOUTE.

An, nùm, utrùm, ne, *si.* (*Ne* se met après un mot.)

RÈGLE DES CONJONCTIONS.

Quelques conjonctions gouvernent le subjonctif, d'autres gouvernent l'indicatif: le régime de chacune est indiqué dans le Dictionnaire. *Voyez* Conjonctions françaises, *ci-après.*

NEUVIÈME ESPÈCE DE MOTS.

INTERJECTION.

L'interjection est un mot indéclinable qui sert à marquer les différens mouvemens de l'âme.

Pour marquer la joie.	O ! evax ! ho ! ha !
Pour la douleur.	Hei ! heu ! *ah ! hélas ! ah ! ah !*
Pour l'indignation.	Proh ! heu ! ó ! oh ! ah !
Pour l'admiration.	Papæ ! hui ! ó ! ah ! oh ! ho !
Pour menacer.	Hei ! væ ! *malheur à !*

L'usage apprendra les autres.

FIN DE LA PREMIÈRE PARTIE.

SECONDE PARTIE

SYNTAXE LATINE.

La Syntaxe est la manière de joindre ensemble les mots d'une phrase, et les phrases entre elles.

Il y a deux sortes de Syntaxe : la Syntaxe d'accord, par laquelle on fait accorder deux mots en genre, en nombre, *etc.*, et la Syntaxe de *régime*, par laquelle un mot régit un autre mot à tel cas, à tel mode, etc.

SYNTAXE DES NOMS.

ACCORD DES DEUX NOMS.

Ludovicus Rex. — *Règle.* Quand deux ou plusieurs noms désignent une seule et même personne, une seule et même chose, ces noms se mettent au même cas.

Exemple. LOUIS ROI, *Ludovicus Rex* ; de LOUIS ROI, *Ludovici Regis*, etc. — Esope auteur, *Æsopus auctor* ; à Esope auteur, *Æsopo auctori* ; la ville de Rome, *urbs Roma* : Les Latins disaient : *La ville Rome.*

REMARQUE. *De* entre deux noms n'empêche pas de mettre ces deux noms au même cas, lorsqu'on peut tourner *de* par *qui s'appelle* : la ville de Rome, *tournez*, la ville *qui s'appelle* Rome.

RÉGIME DES NOMS.

I. Liber *Petri.* — *Règle.* Lorsque *de*, *du*, *des*, entre deux noms, ne peuvent pas se tourner par *qui s'appelle*, on met le second nom au génitif.

Ex. Le livre de Pierre, *liber Petri* ; la bonté de Dieu, *bonitas Dei.*

Souvent au lieu du génitif on se sert d'un adjectif qui a la même valeur. Ex. La bonté de Dieu, *tournez*, la bonté divine, *bonitas divina* ; le parlement de Paris, *tournez* le parlement parisien, *Senatus parisiensis*.

REMARQUE. Quand le nom qui suit *de* exprime une qualité bonne ou mauvaise, on peut mettre ce nom ou à l'ablatif ou au génitif : un enfant d'un bon naturel, *puer egregiâ indole*, ou *egreguæ indolis* ; d'un mauvais naturel, *pravâ indole*, ou *pravæ indolis*.

II. Tempus *legendi*. — *De* entre un nom de chose inanimée et un infinitif français se rend en latin par le gérondif en *di*, qui est un véritable génitif.

Ex. Le temps de lire, *tempus legendi* ; de lire l'histoire, *tempus legendi historiam*.

(Les gérondifs gouvernent le même cas que les verbes d'où ils viennent.)

REMARQUE. Si le verbe latin gouverne l'accusatif, au lieu du gérondif en *di*, il est mieux d'employer le participe en *dus*, *da*, *dum*, que l'on met au génitif, en le faisant accorder avec le nom en genre, en nombre et en cas ; ainsi, au lieu de dire *tempus legendi historiam*, on dit mieux, *tempus legendæ historiæ*.

De entre un nom et un infinitif se rend quelquefois par l'infinitif latin ; c'est lorsque cet infinitif peut servir de nominatif à la phrase. Ex. C'est un péché de mentir, *tournez*, mentir est un péché, *culpa est mentiri*.

SYNTAXE DES ADJECTIFS.

ACCORD DE L'ADJECTIF AVEC LE NOM.

I. Deus *sanctus*. — *Règle*. L'adjectif s'accorde en genre, en nombre et en cas, avec le nom auquel il se rapporte.

Ex. Dieu saint, *Deus sanctus* ; du Dieu saint, *Dei sancti*, Vierge sainte, *Virgo sancta* ; de la Vierge sainte, *Virginis sanctæ* ; temple saint, *templum sanctum* ; du temple saint, *templi sancti*.

II. Pater et filius *boni*, mater et filia *bonæ*.

Quand un adjectif se rapporte à deux noms singuliers, on met cet adjectif au pluriel, parce que deux singuliers valent un pluriel.

Ex. Le père et le fils bons, *pater et filius boni* : la mère et la fille bonnes, *mater et filia bonæ*.

III. Pater et mater *boni*. — Quand un adjectif se rapporte à deux noms de différents genres, l'adjectif prend le plus noble des deux genres. (Le masculin est plus noble que les deux autres ; le féminin est plus noble que le neutre.)

Ex. Le père et la mère bons, *pater et mater boni*.

IV. Virtus et vitium *contraria*. — Quand les deux noms sont des choses inanimées, c'est-à-dire sans vie, l'adjectif qui s'y rapporte se met au pluriel neutre. (Il n'y a d'animé que les hommes et les bêtes.)

Ex. La vertu et le vice contraires, *virtus et vitium contraria* (1).

V. Turpe est *mentiri*. — L'adjectif qui ne se rapporte à aucun nom précédent se met au neutre.

Ex. Il est honteux de mentir, *turpe est mentiri* (2).

Il est honteux d'être paresseux, *turpe est esse pigrum*.

DEUS EST SANCTUS.

CREDO DEUM ESSE SANCTUM.

L'adjectif qui suit immédiatement le verbe *sum* se met au même cas que le nom ou pronom qui précède le verbe, et auquel il se rapporte.

Ex. Dieu est saint, *Deus est sanctus*.

Je crois que Dieu est saint, *credo Deum esse sanctum.* (En latin on dit : *Je crois Dieu être saint.*)

Il ne m'est pas permis d'être paresseux, *mihi non licet esse pigro*.

(1) Lorsque deux adjectifs sont joints ensemble, le premier se change en adverbe. Ex. Les vrais sages, *vere sapientes*, c'est-à-dire les hommes vraiment sages.

(2) L'infinitif *mentiri* est un véritable nom, avec lequel s'accorde l'adjectif *turpe* : le mentir est honteux.

Si cependant le nom qui précède était au génitif, il faudrait mettre l'adjectif à l'accusatif. Ex. Il importe à un jeune homme d'être laborieux, *refert adolescentis esse impigrum.*

REMARQUE. On observe la même règle après tout autre verbe quand l'adjectif le suit immédiatement. Ex. Le geai revint tout chagrin, *graculus rediit mærens* ; Aristide mourut pauvre, *Aristides mortuus est pauper* ; je m'appelle lion, *ego nominor leo.*

RÉGIME DES ADJECTIFS.

I. *Adjectifs qui gouvernent le génitif.* Avidus laudum. — *Règle.* Les adjectifs *avidus,* avide, *cupidus,* qui désire, *studiosus,* qui a du goût pour, *peritus,* habile dans, *expers,* qui manque, *patiens,* qui souffre, *rudis,* qui ne sait pas, *memor,* qui se souvient, *immemor,* qui ne se souvient pas, *plenus,* plein, etc., gouvernent le génitif.

Ex. Avide de louanges, *avidus laudum* ; habile dans la musique, *peritus musicæ* ; plein de vin, *plenus vini.* (On trouve quelquefois *plenus* avec un ablatif : *plenus vino.*)

Cupidus *videndi.* — Quand les adjectifs *avidus, avide,* etc., sont suivis d'un infinitif français, on met en latin cet infinitif au gérondif en *di.*

Ex. Curieux de voir, *cupidus videndi* ; de voir la ville, *videndi urbem,* et mieux, *videndæ urbis,* comme nous avons dit plus haut, page 127.

II. *Adjectifs qui gouvernent le génitif ou le datif.* Similis *patris* ou *patri.* —*Similis,* semblable, par, *æqualis,* égal, *affinis,* allié, gouvernent le génitif ou le datif.

Ex. Semblable à son père, *similis patris* ou *patri* ; allié au roi, *affinis regis* ou *regi.*

III. *Adjectifs qui gouvernent le datif seulement.* Mihi utile est. — *Utilis,* utile à, *commodus,* avantageux à, *infensus, iratus,* irrité contre, *assuetus,* accoutumé à, *aptus, idoneus,* propre à, gouvernent le datif.

Ex. Cela m'est utile, *id mihi utile est,* corps accoutumé au travail, *corpus assuetum labori.*

Quand ces adjectifs sont suivis d'un infinitif français, on met en latin cet infinitif au gérondif :n *do*. (Le gérondif en *do* est ici un véritable datif.)

Ex. Corps accoutumé à supporter le travail, *corpus assuetum tolerando laborem*, ou mieux *tolerando labori*, en se servant du participe en *dus, da, dum*, et le faisant accorder avec le nom.

REMARQUE. Après *aptus*, *idoneus* et *natus*, on peut mettre l'accusatif avec *ad*. Propre à la guerre, *aptus ad militiam*; né pour les armes, *natus ad arma*.

IV. *Adjectifs qui gouvernent l'accusatif avec* ad. Propensus *ad lenitatem.* — *Propensus, pronus, proclivis*, porté à..., et tous les adjectifs qui marquent un penchant ou inclination à quelque chose, gouvernent l'accusatif avec *ad*.

Ex. Porté à la douceur, *propensus ad lenitatem*.

Quand ces adjectifs sont suivis d'un infinitif en français, on met en latin cet infinitif au gérondif en *dum*. (Le gérondif en *dum* est un véritable accusatif.)

Ex. Prompt à se mettre en colère, *pronus ad irascendum*, à venger une injure, *ad ulciscendum injuriam*, et mieux *ad ulciscendam injuriam*.

V. *Adjectifs qui gouvernent l'accusatif sans préposition.* — Populabundus *agros*.

Les adjectifs en *bundus* gouvernent l'accusatif quand ils viennent d'un verbe qui régit ce cas.

Ex. Ravageant les campagnes, *populabundus agros*.

VI. *Adjectifs qui gouvernent l'ablatif.* — Præditus *virtute. Præditus*, doué de, *dignus*, digne de, *indignus*, indigne de, *contentus*, content de, etc., gouvernent l'ablatif.

Ex. Jeune homme doué de vertu, *adolescens virtute præditus*; digne de louange, *dignus laude*; content de son sort, *contentus suâ sorte*.

REMARQUE. On trouve quelquefois *dignus* avec le génitif.

6

VII. Mirabile *visu.* — Après les adjectifs *admirable à*, *facile à*, *difficile à*, etc., l'infinitif français se rend en latin par le supin en *u.*

Ex. Chose admirable à voir (tournez, à être vue) *res visu mirabilis* ou *mirabile visu.* (Quand on n'exprime pas le mot *chose*, l'adjectif latin se met au neutre.)

Chose facile à dire, *res dictu facilis*; à trouver, *inventu.*

REMARQUE. Si le verbe latin n'a point de Supin, tournez la phrase de cette manière : Ma leçon est difficile à à étudier, *dites* : l est difficile d'étudier ma leçon, *difficile est studere lectioni meæ.*

SYNTAXE DES COMPARATIFS

ET DES SUPERLATIFS.

COMPARATIFS.

I. Doctior *Petro.* — Après le comparatif exprimé par un seul mot latin, on met le nom à l'ablatif en supprimant le *que.*

Ex. Plus savant que Pierre, *doctior Petro.*

La vertu est plus précieuse que l'or, *virtus est pretiosior auro.* (On sous-entend *præ*, en comparaison de.)

RÉMARQUE. On peut après le comparatif exprimer *que* par *quàm*, et mettre après même cas que devant.

Ex. Paul est plus savant que Pierre, *Paulus est doctior quàm Petrus.* — Je ne connais personne qplus savant que Paul, *neminem novi doctiorem uàm Paulum.*

II. Felicior, *quàm prudentior.* — Felicius *quàm* *prudentiùs.*

Quand après le comparatif le *que* est suivi d'un adjectif ou d'un adverbe, cet adjectif ou cet adverbe se met encore au comparatif et au même cas que le premier, et *que* s'exprime par *quàm.*

Ex. Il est plus heureux que prudent, *felicior est quàm prudentior.*

Ils envoyèrent un général plus hardi qu'habile. *miserunt ducem audaciorem quàm peritiorem.*

III. Magis pius *quàm tu* — Quand l'adjectif latin n'a point de comparatif, on exprime *plus* par magis, et alors le *que* s'exprime toujours par *quàm* avec même cas après que devant.

Ex. Il est plus pieux que vous, *magis pius est quàm tu.*

REMARQUE. Presque tous les adjectifs qui finissent par *ius, eus uus*, n'ont ni comparatif ni superlatif.

IV. Majori virtute *præditus*. — Quand l'adjectif français se rend en latin par deux mots (un adjectif et un nom), l'on exprime *plus* par *major, majus, moins* par *minor, minus,* que l'on fait accorder avec le nom.

Ex. Plus vertueux, *majori virtute præditus*, et non pas *magis virtute præditus*; moins vertueux, *minori virtute præditus*, et non pas *minus virtute præditus.*

V. Doctior est *quàm putas.* — Si le *que* après le comparatif est suivi d'un verbe, on exprime toujours *que* par *quàm*, et l'on met en latin le même temps que dans le français.

Ex. Il est plus savant que vous ne pensez, *doctior est quàm putas.* (*Ne* qui suit le comparatif français ne s'exprime point en latin.)

Rien n'est plus honteux que de mentir, *nihil turpius est quàm mentiri.*

SUPERLATIFS.

I. *Altissima arborum*, ou *ex arboribus*, ou *inter arbores.* — *Règle.* Le superlatif veut le nom *pluriel* qui suit au génitif, ou à l'ablatif avec *è*, *ex*, ou à l'accusatif avec *inter.*

Exemple. Le plus haut des arbres, *altissima arborum*, ou *ex arboribus*, ou *inter arbores.*

REMARQUE. Le superlatif prend le même genre que le nom pluriel qui le suit ; *altissima* est du féminin, parce que le régime *arborum* est du féminin.

Mais si le régime du superlatif était un nom *singulier*, le superlatif ne s'accorderait pas en genre avec ce nom, et alors il ne gouverne que le génitif.

Ex. Le plus riche de la ville, *ditissimus urbis* ; (on sous-entend *homo*), c'est-à-dire l'homme le plus riche de la ville.

II. *Validior manuum.* Quand on ne parle que de deux choses, au lieu du superlatif qui est dans le français on met le comparatif en latin.

Ex. La plus forte des deux mains, *validior manuum.*

III. Maximè omnium *conspicuus.* Quand l'adjectif latin n'a point de superlatif, on se sert de *maximè* avec le positif. *

Ex. Le plus remarquable de tous, *maximè omnium conspicuus.*

REMARQUE. Les noms que l'on appelle *partitifs*, c'est-à-dire qui marquent la partie d'un plus grand nombre, comme *unus*, *quis*; *aliquis*, *nemo*, *etc.*, gouvernent le même cas que le superlatif.

Ex. Un des soldats *unus militum*, ou *ex militibus*, ou *inter milites.*

Qui de nous, *quis nostrûm*, et non pas *nostri*, qui de vous, *quis vestrûm*, et non pas *vestri.* (On ne se sert de *nostri*, *vestri*, qu'après un verbe ou un nom qui n'est point partitif.)

* Quand le superlatif pluriel en français n'est pas suivi d'un génitif, il faut ajouter *quisque* au superlatif latin; les plus honnêtes gens le favorisent, *optimus quisque illi favet.*

SYNTAXE DES VERBES.

ACCORD DU VERBE AVEC LE NOMINATIF OU SUJET.

I. *Ego audio.* — *Règle.* Tout verbe, quand il n'est pas à l'infinitif, s'accorde avec son nominatif ou *sujet* en nombre et en personne.

Ex. J'écoute, *ego audio* ; vous enseignez, *tu doces* ; il lit, *ille legit.*

REMARQUE. On sous-entend ordinairement le pronom nominatif : ainsi l'on dit simplement *audio* , *doces* , *legit* ; il faut cependant l'exprimer , quand il y a deux verbes dont le sens est opposé, et quand la phrase contient quelque chose de vif.

Ex. Vous riez , et je pleure , *tu rides* , *ego fleo*
Vous osez parler ainsi ? *tu loqui sic audes ?*

II. Petrus et Paulus *ludunt.* — *Règle.* Quand un verbe a deux nominatifs singuliers , on met ce verbe au pluriel, parce que deux singuliers valent un pluriel.

Ex. Pierre et Paul jouent, *Petrus et Paulus ludunt.*

III. Ego et tu *valemus.* — *Règle.* Si les nominatifs d'un même verbe sont de différentes personnes, le verbe prend la plus noble des deux personnes ; la première est plus noble que les deux autres , la seconde est plus noble que la troisième.

Ex. Vous et moi nous nous portons bien , *ego et tu valemus.*

Vous et votre frère vous causez , *tu fraterque garritis.*

REMARQUE. En français la première personne se nomme après les autres : c'est le contraire en latin.

IV. Turba *ruit* ou *ruunt.* — *Règle.* Quand le nominatif est un nom *collectif* , le verbe peut se mettre au pluriel. (On appelle *collectif* , un nom qui , quoiqu'au singulier , signifie plusieurs personnes ou plusieurs choses.)

Ex. La foule se précipite , *turba ruit* ou *ruunt.*

RÉGIME DES VERBES.

VERBES QUI GOUVERNENT L'ACCUSATIF.

1. Amo *Deum.* — *Règle.* Tout verbe actif gouverne l'accusatif.

Ex. J'aime Dieu , *amo Deum* ; vous instruisez les enfans, *doces pueros* ; il écoute le maître , *audit magistrum.*

II. Imitor *patrem*. — Plusieurs verbes déponens ont la force des verbes actifs, et gouvernent l'accusatif.

Exemples. J'imite mon père, *imitor patrem*, nous admirons la vertu, *miramur virtutem*.

III. Musica *me juvat* ou *delectat*. — Les verbes *juvat*, *delectat*, il fait plaisir; *manet*, il est réservé; *decet*, il convient, et *fugit*, *fallit*, *prœterit*, employés pour exprimer le verbe français *ignorer*, veulent au nominatif le nom de la chose qui fait plaisir, qui convient, *etc.*, et le nom de la personne à l'accusatif.

Exemples. La musique me fait plaisir; mot à mot, me réjouit, *musica me juvat*, ou *delectat*.

Une gloire éternelle nous est réservée, mot à mot, nous attend, *gloria œterna nos manet*.

Quand *attendre* a pour nominatif un nom de chose, on l'exprime par *manere*, quand c'est un nom de personne, par *expectare*.

Nous ignorons bien des choses, mot à mot, bien des choses nous échappent, nous trompent, nous passent, *multa nos fugiunt*, *fallunt*, *prœtereunt*.

Vous savez cela, ou vous n'ignorez pas cela; *id te non fugit*, *fallit*, *prœterit*.

VERBES QUI GOUVERNENT LE DATIF.

I. Studeo *grammaticœ*. — *Règle.* La plupart des verbes neutres gouvernent le datif.

Ex. J'étudie la grammaire, *studeo grammaticœ*.

Nous favorisons la noblesse, *favemus nobilitati*.

Il a contenté le maître, *satisfecit prœceptori*.

II. Defuit *officio*. — Les composés du verbe *sum* gouvernent le datif, excepté *absum*, qui veut l'ablatif avec *à* ou *ab*.

Exemples. Il a manqué à son devoir, *defuit officio*.

Il était présent à ce spectacle, *aderat huic spectaculo*.

III. Les trois verbes *imminere*, *impendere*, *instare*, menacer, gouvernent le datif.

Ex. Un grand malheur vous menace, *magna calamitas tibi imminet*, *impendet*, *instat.*

REMARQUE. Quand le verbe *menacer* a pour nominatif un nom de chose inanimée, c'est-à-dire sans vie, on l'exprime par *imminere*, *impendere*, *instare.*

IV. Id mihi *accidit*, *evenit*, *contingit.* — Les verbes *accidit*, *evenit*, *contingit*, il arrive; *conducit*, *expedit*, il est avantageux; *placet*, il plaît, etc., veulent le nom de la personne au datif.

Exemples: Cela m'est arrivé, *id mihi accidit*; cela vous est avantageux, *hoc tibi expedit.*

V. Homo irascitur *mihi.* — Les verbes déponents *irasci*, se mettre en colère; *blandiri*, flatter; *opitulari*, secourir; *minari*, menacer, etc., gouvernent le datif.

Exemples. Cet homme se fâche contre moi, *hic homo irascitur mihi*; il me menace, *minatur mihi.*

REMARQUE. Le verbe *menacer* s'exprime par *minari* quand il a pour nominatif un nom de personne.

VI. Est *mihi liber.* — Quand on se sert du verbe *sum* pour signifier *avoir*, on met le nom de la personne au datif.

Ex. J'ai un livre, *tournez*, un livre est à moi; *liber est mihi.*

VII. Hoc erit *tibi dolori.* — Quand on se sert du verbe *sum* pour signifier *causer*, *apporter*, *procurer*, il gouverne deux datifs.

Ex. Cela vous causera de la douleur, *tournez*, cela sera à douleur à vous, *hoc erit tibi dolori.*

Les verbes *do*, *verto*, *tribuo*, suivent la même règle.

Ex. Il m'a fait un crime de ma bonne foi, *crimini dedit mihi meam fidem.*

Blâmer quelqu'un de quelque chose, *vitio vertere aliquid alicui*, c'est-à-dire tourner quelque chose à défaut à quelqu'un.

VERBES QUI GOUVERNENT L'ABLATIF.

I. Abundat *diviliis*, *nullâ re* caret.

Règle. Les verbes neutres qui signifient *abon-dance* ou *disette*, gouvernent ordinairement l'ablatif.

Exemples. Il regorge de biens, *abundat diviliis.* Il ne manque de rien, *nullâ re caret.*

Le verbe *gaudere*, se réjouir, gouverne aussi l'ablatif, se réjouir du bonheur d'autrui, *gaudere felicitate alienâ.*

II. Fruor *otio*. — Les sept verbes déponens qui suivent, et leurs composés, gouvernent l'ablatif ; *fruor otio*, je jouis du repos ; *fungor officio*, je m'acquitte du devoir ; *potior urbe*, je suis maître de la ville ; *vescor pane*, je me nourris de pain ; *utor libris*, je me sers de livres ; *gloriari alienis bonis*, se glorifier des avantages d'autrui ; *lætor hâc re*, je me réjouis de cela.

VERBES QUI GOUVERNENT LE GÉNITIF.

Le verbe *misereri*, avoir pitié, gouverne le génitif.

Ex. Ayez pitié des pauvres, *miserere pauperum.*

Oblivisci, oublier ; *recordari*, *meminisse*, se souvenir, gouvernent le génitif ou l'accusatif.

Ex. Je me souviens des vivants, et je ne puis oublier les morts, *vivorum memini*, *nec possum oblivisci mortuorum.*

RÉGIME INDIRECT DES VERBES.

Il y a des verbes qui, outre l'accusatif, que l'on appelle *régime direct*, gouvernent un autre cas, que l'on appelle leur *régime indirect* : ce régime indirect des verbes est marqué en français par *à*, *au*, *aux*, ou par *de*, *du*, *des*.

I. Do vestem *pauperi*. — *Règle.* Les verbes qui signifient *donner*, *dire*, *promettre*, etc., veulent au datif leur régime indirect marqué par *à*.

Ex. Je donne un habit au pauvre, *do vestem pauperi.*

Dieu promet une vie éternelle au juste, *Deus vitam æternam justo promittit.*

II. Minari mortem *alicui.* — *Même Regle.* Les verbes déponents *minari*, menacer; *gratulari*, féliciter, veulent le nom de la chose à l'accusatif, et le nom de la personne au datif.

Ex. Menacer quelqu'un de la mort, *tournez*, menacer la mort à quelqu'un, *minari mortem alicui.*

Féliciter quelqu'un d'une victoire, *tournez*, complimenter la victoire à quelqu'un, *gratulari victoriam alicui.*

III. Hæc via ducit *ad virtutem.* — Quand le verbe signifie quelque mouvement, comme *conduire à...* ou une inclination vers quelque chose, comme *exhorter à, exciter à, etc.*, le régime indirect se met à l'accusatif avec *ad.*

Ex. Ce chemin conduit à la vertu, *hæc via ducit ad virtutem.*

Je vous exhorte au travail, *te hortor ad laborem.*

IV. Doceo *pueros grammaticam.* — Les verbes *docere*, instruire; *rogare*, prier; *celare*, cacher, veulent deux accusatifs, le nom de la personne et celui de la chose.

Ex. J'enseigne la grammaire aux enfans, *tournez*, j'instruis les enfans sur la grammaire, *doceo pueros grammaticam.*

REMARQUE. *Grammaticam* est à l'accusatif, à cause d'une préposition sous-entendu, *ad* ou *secundùm.*

V. Scribo ad *te* ou *tibi* epistolam. — Les trois verbes *scribo*, j'écris; *mitto*, j'envoie; *fero*, je porte, veulent leur régime indirect à l'accusatif avec *ad* ou au datif.

Ex. Je vous écris une lettre, *scribo ad te* ou *tibi epistolam.*

6.

V. Accepi litteras *à patre meo.* — Les verbes demander, recevoir, emprunter, acheter, espérer, attendre, obtenir, etc., veulent leur régime indirect à l'ablatif avec *à* ou *ab*.

Ex. J'ai reçu une lettre de mon père, *accepi litteras à patre meo.*

Il a demandé une grâce au roi, *petivit beneficium à rege.*

Si le régime indirect du verbe *recevoir* est une chose inanimée, on le met à l'ablatif avec *é* ou *ex* : on fait de même après les verbes *allumer à*, *prendre à*, *juger à*, *puiser à*, etc.

Ex. J'ai reçu une grande joie de votre lettre, *accepi magnam voluptatem ex tuis litteris.*

Puiser de l'eau à la fontaine, *haurire aquam ex fonte.*

VI. Id audivi *ex amico* ou *ab amico meo.*

Les verbes *audire*, apprendre; *quærere*, s'informer, veulent leur régime indirect à l'ablatif avec *à* ou *ab*, *é* ou *ex*; mais après *cognoscere*, apprendre, c'est toujours *é* ou *ex*.

Ex. J'ai appris cela de mon ami, *id audivi ex* ou *ab amico meo.*

J'ai connu par votre lettre, *ex litteris tuis cognovi.*

VII. Christus redemit hominem *à morte.*

Les verbes *délivrer*, *racheter*, *éloigner*, *arracher*, *ôter*, *séparer*, *détourner*, etc., veulent leur régime indirect à l'ablatif avec *à* ou *ab*, *é* ou *ex*, et quelquefois sans préposition.

Ex. Jésus-Christ a racheté l'homme de la mort, *Christus redemit hominem à morte.*

Délivrer quelqu'un de la servitude, *eximere aliquem à* ou *é servitute*, ou *servitute*, sans préposition.

VIII. Implere dolium *vino.* — Les verbes d'abondance, de *disette* et de *privation*, veulent leur régime indirect à l'ablatif sans préposition.

Ex. Emplir un tonneau de vin , *implere dolium vino*.

Combler quelqu'un de bienfaits , *cumulare aliquem beneficiis*.

Priver quelqu'un de secours , *nudare aliquem præsidio*.

IX. Admonui eum *periculi* ou *de periculo*. —Les verbes *avertir*, *informer*, veulent leur régime indirect marqué par *de* au génitif, ou à l'ablatif avec *de*.

Ex. Je l'ai averti du danger , *admonui eum periculi* ou *de periculo*.

Plût à Dieu que j'eusse été informé de votre dessein ! *utinam factus essem tui concilii certior* !

REMARQUE. Avec *moneo* l'on met bien les accusatifs neutres , *hoc* , *id* , *illud* , *unum* ; je les avertis de cela , *hoc eos moneo* ; d'une chose , *unum*.

X. Insimulare aliquem *furti* ou *furto*.

Les verbes *accuser* , *condamner* , *absoudre* , *convaincre*, veulent leur régime indirect au génitif ou à l'ablatif, mais mieux au génitif.

Ex. Accuser quelqu'un de larcin , *insimulare aliquem furti* ou *furto*.

Absoudre quelqu'un d'un crime , *absolvere aliquem criminis* ou *crimine*.

I. REMARQUE. Avec le verbe *condamner*, le nom de la peine particulière et déterminée se met à l'accusatif avec *ad*.

Ex. Condamner quelqu'un aux galères , *damnare aliquem ad triremes* ; à tourner la meule , *ad molam*.

II* REMARQUE. Les verbes *accuser*, *condamner*, suivis d'un infinitif, s'expriment, *accuser* par *arguere*, et *condamner* par *jubere*, avec l'infinitif latin.

Ex. Il est accusé d'avoir trahi la république , *arguitur prodidisse rempublicam* ; il fut condamné à sortir de la ville , *tournez* , il reçut ordre de sortir de la ville , *jussus est ab urbe discedere*.

Deus *amat* virum bonum, *illi* que *favet.* — Quand deux verbes n'ont qu'un régime en français, et que les verbes latins gouvernent différents cas, on met le nom au cas du premier verbe, et l'on se sert d'un des pronoms *is*, *ille*, *ipse*, pour le mettre au cas du second.

Ex. Dieu aime et favorise l'homme de bien, *dites*: Dieu aime l'homme de bien et le favorise ; *Deus amat virum bonum, illique favet.*

RÉGIME DES VERBES PASSIFS.

I. Amor *à Deo.* — *Règle.* Le régime du verbe passif se met à l'ablatif avec *à* ou *ab*, quand c'est un nom de chose animée.

Ex. Je suis aimé de Dieu, *amor à Deo.*

II. *Mœrore* conficior. — Quand le régime du verbe passif est un nom de chose inanimée, on met l'ablatif sans préposition.

Ex. Je suis accablé de chagrin, *mœrore conficior.*

REMARQUE. Avec *probor*, *improbor*, *videor*, et les participes en *dus*, *da*, *dum*, l'on met mieux le nom au datif qu'à l'ablatif. Ex. Ce sentiment n'est approuvé ni de lui, ni de nous, *hæc sententia neque nobis*, *neque illi probatur.* Je dois pratiquer la vertu, *mihi colenda est virtus.*

RÉGIME DES VERBES

PERTINET, ATTINET, SPECTAT.

Hoc *ad me* pertinet. — Les trois verbes *pertinere*, appartenir ; *attinere*, *spectare*, regarder, avoir rapport à, veulent le nom de la personne à l'accusatif avec *ad.*

Ex. Cela me regarde ou m'appartient, *hoc ad me pertinet* ou *spectat*; pour ce qui me regarde, *quod ad me attinet.*

RÉGIME DES IMPERSONNELS

POENITET , PUDET , PIGET.

I. Me *pænitet culpæ meæ.* — Les cinq verbes *pænitet, pudet, piget, tædet, miseret,* veulent à l'accusatif le nom ou pronom qui précède le verbe français, et au génitif le nom qui le suit.

Ex. Je me repens de ma faute, *me pænitet culpæ meæ.*

Le roi a pitié de cet homme, *regem miseret hujus hominis.*

II. *Incipit me pænitere culpæ meæ.* Tous les verbes, excepté, *volo, nolo, malo, audeo, cupio,* deviennent impersonnels devant *pænitet, pudet, etc.,* c'est-à-dire qu'on les met à la troisième personne du singulier, et le nom ou pronom qui les précède se met à l'accusatif. Ex. Je commence à me repentir de ma faute, *incipit me pænitere culpæ meæ.*

Vous devez avoir honte de votre paresse, *debet te pudere tuæ negligentiæ.*

RÉGIME DES VERBES

REFERT, INTEREST, IL IMPORTE A, IL EST IMPORTANT A, IL EST DE L'INTÉRÊT DE.

I. Refert, interest *regis.* — Les verbes *refert, interest,* veulent au génitif le nom qui suit le verbe français *il importe, il est de l'intérêt de.*

Ex. Il importe au roi, *refert* ou *interest regis.*

REMARQUE. L'on sous-entend *re* ou *causâ* devant ce génitif. *Interest* (causâ) *regis*, il importe pour le roi.

II. Refert, interest *meâ, tuâ, nostrâ, vestrâ, suâ.*

Avec *refert, interest,* ces pronoms *me, te, nous, vous, lui, leur,* s'expriment par *meâ, tuâ, nostrâ, vestrâ, suâ;* on sous-entend **causâ**

Ex. Il m'importe, *refert, interrest meâ*; il vous importe, *tuâ*; ils nous importe, *nostrâ*.

Le maître croit qu'il lui importe, *en latin on dit* : Le maître croit importer à soi, *magister credit sua referre*. (On ne met *suâ* que quand *lui* se rapporte au nominatif de la phrase; autrement ce serait *ejus*.)

III. Si après *il importe* ces pronoms *à moi, à toi*, etc., sont suivis d'un adjectif ou d'un nom, l'on met au génitif cet adjectif ou ce nom.

Ex. Il importe à vous seul, *interest tuâ unius*.

Il importe à moi César, *refert meâ Cæsaris*.

IV. Ces phrases : il nous importe *à tous deux*; il vous importe, il leur importe *à tous deux*, se tournent ainsi :

Il importe *à l'un et à l'autre* de nous, de vous, d'eux, *utriusque nostrûm, vestrûm, illorum interest*.

V. Lorsque les verbes *refert, interest*, ont pour régime un nom de chose inanimée, on met ce nom à l'accusatif avec *ad*.

Ex. Il importe à notre honneur, *ad honorem nostrum interest*.

RÉGIME DU VERBE IMPERSONNEL

EST, IL APPARTIENT A.

I. **Est** *regis*. — Le verbe impersonnel *est* veut au génitif le nom qui suit le verbe français.

Ex. Il est d'un roi, il appartient à un roi de défendre ses sujets, *est regis tueri subditos*.

REMARQUE. On sous-entend *negotium* devant le génitif: c'est comme s'il y avait : *est negotium regis*. c'est l'affaire d'un roi.

II. *Est meum, tuum, nostrum, vestrum, suum*.

Quand on se sert du verbe *est* pour exprimer *il appartient à, c'est à*, ces pronoms *à moi, à toi, à nous, à vous, à lui, à eux*, se rendent en latin par *meum, tuum, nostrum, vestrum, suum*.

Ex. C'est à moi de parler *ou* il m'appartient de parler, *meum est loqui* (sous-entendu *negotium.*)

Le maître croit que c'est à lui de... ou qu'il lui appartient de..., *tournez* le maître croit être son affaire, *magister credit suum esse.* (On ne met *suum* que quand *lui* se rapporte au nominatif de la phrase, autrement ce serait *ejus*).

III. Mais si ces pronoms *à moi*, *à toi*, etc., peuvent se tourner par *mien*, *tien*, *notre*, *votre*, on les exprime par *meus*, *tuus*, *noster*, *vester*, que l'on fait accorder avec le nom.

Ex. Ce livre est à moi, *tournez*, ce livre est le mien, *hic liber est meus.*

RÉGIME DE L'IMPERSONNEL

OPUS EST, IL EST BESOIN.

Mihi opus est amico. — *Règle.* Quand on exprime *avoir besoin* par l'impersonnel *opus est*, on met en latin au datif le nom ou pronom qui précéde le verbe français, et à l'ablatif le nom qui le suit.

Ex. J'ai besoin d'un ami, *tournez* besoin d'un ami est à moi, *mihi opus est amico.*

RÉGIME DU VERBE *INTERDICO.*

Interdico tibi domo meâ. — Le verbe *interdico* veut le nom de la personne au datif, et le nom de la chose à l'ablatif.

Ex. Je vous interdis ma maison, *interdico tibi domo meâ.*

RÉGIME D'UN VERBE

SUR UN AUTRE VERBE.

I. *Amat ludere.* — *Règle.* Quand deux verbes sont de suite, et que le premier ne marque point de mouvement, on met le second à l'infinitif.

Ex. Il aime à jouer , *amat ludere.*

Il cessa de parler , *desiit loqui.*

II. Eo *lusum.* — Si le premier verbe signifie mouvement pour aller ou venir en quelque lieu , on met le second au supin en *um.*

Ex. Je vais jouer , *eo lusum.* Je viens jouer , *venio lusum.*

REMARQUE. Quand le second verbe n'a point de supin , il faut le tourner par *pour*, et l'exprimer par *ad* avec le gérondif en *dum* ou par *afin que*, et l'exprimer par *ut* avec le subjonctif.

Ex. Je viens étudier, *tournez* pour étudier , *venio ad studendum* , ou afin que j'étudie , *venio ut studeam.* (Le verbe *studeo* n'a point de supin).

III. Redeo *ab ambulando.* — Lorsque deux verbes sont de suite , et que le premier signifie mouvement pour venir de quelque lieu , on met le second au gérondif en *do* , avec *à* ou *ab.*

Ex. Je reviens de me promener , *redeo ab ambulando.*

REMARQUE. Si le second verbe a un régime , et qu'il gouverne l'accusatif , il est mieux de se servir du participe en *dus*, *da*, *dum*, et alors on met le participe et le régime à l'ablatif avec *à* ou *ab* , en les faisant accorder.

Ex. Je revenais de visiter mes terres , *redibam ab agris invisendis.*

IV. Te hortor *ad legendum.* — *Règle.* Après les verbes qui signifient mouvement vers quelque lieu , ou inclination vers quelque chose , comme *pousser à*, *exhorter à*, etc. , on exprime *à* par *ad* , et l'on met le verbe au gérondif en *dum.*

Ex. Je vous exhorte à lire , *te hortor ad legendum* , à lire l'histoire, *ad legendum historiam.*

REMARQUE. Si le second verbe a un régime , et qu'il gouverne l'accusatif , il est mieux de se servir du participe en *dus*, *da*, *dum* , que l'on met à l'accusatif avec *ad*, en le faisant accorder avec son régime.

Ex. Je vous exhorte à lire l'histoire , *te hortor ad legendam historiam.*

V. Consumit tempus *legendo.* — Quand à devant un infinitif français peut se tourner par *en* et le participe présent, on met cet infinitif au gérondif en *do*, avec ou sans la préposition *in*.

Ex. Il passe son temps à lire, *tournez* en lisant, *consumit tempus legendo*, à lire l'histoire, *legendo historiam*, et mieux *in legendâ historiâ*.

VI. Dedit mihi libros *legendos*. — Quand *à* devant un infinitif français peut se tourner par *pour* avec l'infinitif passif, on se sert du participe en *dus*, *da*, *dum*, que l'on fait accorder avec le nom qui précède.

Ex. Il m'a donné des livres à lire, *c'est-à-dire* pour être lus, *dedit mihi libros legendos*.

VII. Vidi eum *ingredientem*. — Après les verbes *voir*, *sentir*, *écouter*, *entendre*, *admirer*, l'infinitif français se met en latin au participe présent, que l'on fait accorder avec le régime des verbes *voir*, *sentir*, etc.

Ex. Je l'ai vu entrer, *tournez*, j'ai vu lui entrant, *vidi eum ingredientem* : vous l'entendrez parler, *illum loquentem audies*.

SYNTAXE DES PRONOMS.

ACCORD DU PRONOM AVEC L'ANTÉCÉDENT.

I. Deus *qui* regnat. — *Règle*. Le pronom relatif *qui*, *quæ*, *quod*, s'accorde en genre et en nombre avec le nom ou pronom qui précède, et que l'on nomme *antécédent*.

Ex. Dieu qui règne, *Deus qui regnat*; ma mère qui est malade, *mater mea quæ ægrotat*; l'animal qui court, *animal quod currit*.

Il importe à moi qui enseigne, *refert med qui doceo*, (*med* tient lieu du génitif *mei*).

II. Pater et mater *quos* amo. — Quand le relatif *qui*, *quæ*, *quod*, a deux antécédens, on le met au pluriel, et si les antécédens sont de différens genres, le relatif s'accorde avec le plus noble.

Ex. Le père et la mère que j'aime, *pater et mater quos amo.*

III. Virtus et vitium *quœ* sunt *contraria.*

Si les deux antécédens sont des noms de choses inanimées, le relatif se met au pluriel neutre.

Ex. La vertu et le vice qui sont opposés, *virtus et vitium quœ sunt contraria.*

A QUEL CAS FAUT-IL METTRE LE RELATIF, *qui, quœ, quod* * ?

RÈGLES PARTICULIÈRES.

I. Qui *relatif.* — *Qui* se met au nominatif, comme on voit par l'exemple, *Deus qui regnat.*

Cependant lorsque le verbe latin veut à un autre cas le nom qui est au nominatif en français alors le *qui* relatif se met au cas que le verbe latin demande.

Ex. L'enfant qui se repent, *puer quem pœnitet* : je mets *quem,* parce que les verbes *pœnitet, pudet, tœdet,* etc., veulent à l'accusatif latin le nom ou pronom qui précède le verbe français *se repentir,* etc.

Le maître qui a besoin, *magister cui opus est* : je mets *cui,* parce qu'avec *opus est* le nominatif français se met au datif en latin ; le roi qui a intérêt, c'est-à-dire à qui il importe, *rex cujus interest.*

REMARQUE. Si le *qui* français peut se tourner par *celui que,* mettez-le au cas que gouverne le verbe.

Ex. Envoyez qui vous voudrez, *tournez,* celui que vous voudrez, *mitte quem voles* ; (sous-entendu *mittere*).

II. Que *relatif.* — *Que* relatif se met toujours au cas du verbe suivant.

* RÈGLE GÉNÉRALE. Le relatif se met au cas où l'on mettrait l'antécédent, dont il tient la place : pour le connaître, il n'y a qu'à exprimer cet antécédent, au lieu du relatif qui le représente.

Ex. Dieu que j'aime, *Deus quem amo* ; la grammaire que j'étudie, *grammatica cui studeo.*

La grammaire que je veux étudier, *grammatica cui volo studere* (*cui*, parce qu'il est régime du second verbe.)

REMARQUE. Si le *que* relatif est gouverné par deux verbes qui veulent différents cas, on l'exprime deux fois, et on le met au cas de chaque verbe.

Ex. Les pauvres que nous devons aimer et secourir, *pauperes quos amare et quibus opitulari debemus* *.

Il est élégant de n'exprimer l'antécédent qu'après le *qui* ou *que* relatif, et alors on met l'antécédent au même cas que le relatif. Ex. La lettre que vous avez écrite m'a été très agréable. Au lieu de dire : *Litteras quas scripsisti, mihi fuerunt jucundissimæ*, dites : *Quas scripsisti litteras, eæ mihi fuerunt jucundissimæ.*

III. *Dont* ou *de qui*. — *Dont, de qui*, est toujours gouverné par le mot de la phrase après lequel on peut mettre par interrogation *de qui, de quoi*. Ce mot est ou un nom, ou un adjectif, ou un verbe.

1° Quand *dont* est gouverné par un nom, il se met au génitif.

Ex. Dieu dont nous admirons la providence (on peut demander *la providence de qui ?*) *Deus cujus providentiam miramur.*

2° Quand *dont* est gouverné par un adjectif, il se met au cas que régit cet adjectif.

Ex. La récompense dont vous êtes digne (on peut demander *digne de quoi ?*), *merces quâ dignus es.*

3° Quand *dont* est gouverné par un verbe, il se met au cas du verbe.

Ex. Les livres dont je me sers, *libri quibus utor.*

IV. *A qui*. — *A qui* se met au cas que demande le verbe ou l'adjectif auquel il se rapporte.

---

* *Qui, quæ, quod*, entre deux noms auxquels il se rapporte également, s'accorde mieux avec celui qui suit. Ex. L'animal que nous appelons lion, *animal quem vocamus leonem.*

Ex. L'homme à qui vous avez rendu service, *homo cui officium præstitisti*, ou par un autre cas, *homo in quem officium contulisti.*

L'enfant à qui cela est utile, *puer cui id utile est,*

V. *Par qui.* — *Par qui,* suivi d'un verbe passif, se me à l'ablatif avec *à.*

Ex. Romulus par qui Rome fut fondée, *Romulus à quo Roma condita fuit.*

Par qui, signifiant *par le moyen duquel,* s'exprime par *per* avec l'accusatif.

Ex. Celui par qui j'ai obtenu ma grâce, *c'est-à-dire* par le moyen duquel, *is per quem veniam impetravi.*

PRONOMS

ME, TE, SE, NOUS, VOUS, LE, LA, LES, LUI,

LEUR, EN, Y.

I. Les pronoms *me, te, se, nous, vous,* etc., se mettent au cas que gouverne le verbe ou l'adjectif auquel ils se rapportent.

Ex. Il m'a obéi, *c'est-à-dire* il a obéi à moi, *mihi paruit.* Je vous ai donné un livre, *c'est-à-dire* j'ai donné à vous, *tibi dedi librum.* Cela nous sera utile, *id nobis erit utile.* Vous me louez, *me laudas.* Vous me favorisez, *mihi faves.*

II. *Le, la, les,* se mettent toujours au cas du verbe suivant; ils s'accordent en genre et en nombre avec le nom auquel ils se rapportent.

Ex. Je vous ai promis un livre, je vous le donnerai, *tibi promisi librum, hunc tibi dabo.*

Si *le* n'est pas précédé d'un nom auquel il se rapporte, on le tourne par *cela,* et on l'exprime par *hoc, id illud.*

Ex. Je ne le ferai pas, *tournez,* je ne ferai pas pas cela, *hoc non agam.*

III. *Lui*, *leur*, se tournent toujours par *à lui*, *à elle*, *à eux*, *à elles*, et ils sont gouvernés par un verbe ou par un adjectif.

Ex. Vous lui direz, *tournez*, vous direz à lui, *dices ei*.

Cela leur est facile, *tournez*, cela est facile à eux, *id illis facile est*.

IV. *En* se tourne par *de lui*, *d'elle*, *d'eux*, *d'elles*, et il est gouverné ou par un nom ou par un adjectif, ou par un verbe.

Ex. J'ai vu votre maison et j'en ai admiré la beauté, *c'est-à-dire* la beauté d'elle, *vidi tuam domum*, *et illius pulchritudinem miratus sum*.

Vous en êtes bien content, *illâ sané contentus es*.

J'aime cet enfant, et j'en suis aimé, *c'est-à-dire* je suis aimé de lui, *puerum hunc diligo*, *et ab eo diligor*.

V. *Y* se tourne par *à lui*, *à elle*, *à eux*, *à elles*, et se met au cas du verbe suivant.

Ex. L'affaire est très-importante, j'y donnerai mes soins, *c'est-à-dire* à elle, *res est gravissima huic operam dabo*.

(Voyez *en*, *y*, dans les adverbes de lieu)

VI. *Se.* — 1° On exprime *se* par *suî*, *sibi*, *se*, en le mettant au cas du verbe, quand le nominatif est une chose animée, qui fait sur elle-même l'action que marque le verbe.

Ex. L'orgueilleux se loue ; comme c'est l'orgueilleux qui se loue lui-même, dites : *Superbus se laudat* ; il se flatte, *sibi blanditur*.

2° Si le pronom *se* a rapport à un nominatif de chose inanimée, ou même animée, qui ne fasse pas sur elle-même l'action marquée par le verbe, on tourne ce verbe par le passif.

Ex. Ce mot se trouve dans Phèdre, *tournez*, ce mot est trouvé, *vox illa invenitur apud Phædrum*.

Il ne s'ébranle pas de vos menaces, *tournez*, il n'est pas ébranlé, *minis non movetur tuis.*

REMARQUE. Dans les trois phrases suivantes, les nominatifs sont regardés comme des choses animées.

Le poison se glisse dans les veines, *venenum sese in venas insinuat.* Si l'occasion se présente, *si se dederit occasio.* Si la chose se passe ainsi, *si res itâ se habeat.*

3° Quand *se* a rapport à deux nominatifs qui font l'un sur l'autre l'action que marque le verbe, on ajoute l'adverbe *invicem* au pronom *sui*, *sibi*, *se*, à moins qu'il ne soit gouverné par une préposition.

Pierre et Jean se louent, *Petrus et Joannes se invicem laudant;* ils se battent, *inter se pugnant.*

QUI INTERROGATIF.

Le *Qui* interrogatif n'a point d'antécédent ; on le connaît quand on peut le tourner par *quelle personne.*

I. Quis *vestrûm;* ou *ex vobis*, ou *inter vos.*

Le *qui* interrogatif s'exprime par *quis*, *quœ*, *quod*, ou *quisnam*, *quœnam*, *quodnam*, et le nom pluriel qui suit se met au génitif, ou à l'ablatif avec *è*, *ex*, ou à l'accusatif avec *inter.*

Ex. Qui de vous ? *Quis vestrûm*, ou *ex vobis*, ou *inter vos?*

Qui est content de son sort ? *Quis suâ sorte contentus est?*

II. Uter est doctior, *tune*, *an frater?*

Qui des deux, ou *lequel des deux*, s'exprime par *uter*, *utra*, *utrum*, et les deux noms qui suivent se mettent au même cas que *uter;* on met *ne* après le premier nom, et *an* devant le second : le superlatif français se met au comparatif en latin.

Ex. Lequel des deux est le plus savant de vous ou de votre frère? *uter est doctior, tune, an frater?*

III. *Qui* interrogatif est tantôt le nominatif et tantôt le régime du verbe suivant.

1° Il est le nominatif quand on peut le tourner par *qui est celui qui...* Ex. Qui vous a appelé; c'est-à-dire qui est celui qui vous a... *quis te vocavit?*

2° Il est le régime quand on peut le tourner par *qui est celui que...* Ex. Qui appelez-vous? c'est-à-dire qui est celui que vous... *quem vocas?*

QUE INTERROGATIF.

Le *Que* interrogatif se tourne par *quelle chose*, et il s'exprime par *quid*, lorsque le verbe suivant gouverne l'accusatif.

Ex. Que faites-vous? *tournez,* quelle chose faites-vous? *quid agis?*

Mais si le verbe suivant gouverne un autre cas, il faut exprimer le mot *chose*.

Ex. Qu'étudiez-vous? c'est-à-dire, quelle chose étudiez-vous? *cui rei studes?*

Quoi ou *que* au commencement d'une phrase se tourne par *quelle chose*, et s'exprime par *quid*.

Ex. Quoi de plus beau que la vertu? *quid virtute pulchrius?* Que sera-ce, si... *quid futurum est, si?*

QUEL, QUELLE.

I. *Quel, quelle,* s'expriment aussi par *quis, quæ, quod,* ou *quisnam, quænam, quodnam,* et s'accordent avec le nom suivant en genre, en nombre et en cas.

Ex. Quelle mère n'aime pas ses enfans., *quæ* ou *quænam mater pueros suos non amat*

Quel avantage y a-t-il dans la vie ? *quod com-modum habet vita ?* ou mieux, *quid commodi habet vita ?* (*Quel*, suivi d'un nom de chose, s'exprime mieux par *quid* avec le génitif.)

II. *Quel*, *quelle* signifiant *quantième*, s'expri-ment par *quotus*, *quota*, *quotum*, et l'on répond par le nombre ordinal.

Ex. Quelle heure est-il? sept heures, *quota hora est? septima.*

III. *Quel*, *quelle*, quand on peut ajouter le mot *grand*, s'expriment par *quantus*, *quanta*, *quan-tum*.

Ex. Quel malheur nous menace, c'est-à-dire quel grand malheur ! *quanta nobis instat pernicies!*

QUIS TE REDEMIT? JESUS-CHRISTUS.

Règle. La réponse se met ordinairement au même cas que la demande.

Ex. Qui vous a racheté ? Jésus-Christ, *quis te redemit? Jésus-Christus.*

Qui a pitié des paresseux ? Personne, *quem mi-seret pigrorum? Neminem.*

REMARQUE. Le verbe de la demande est toujours sous-entendu dans la réponse, ainsi quand on dit : *Qui vous a racheté ?* et que l'on répond : *Jésus-Christ,* c'est comme si l'on disait : *Jésus-Christ m'a racheté.*

Cependant avec les impersonnels *est*, *refert*, *in-terest*, la réponse, quand elle se fait par un pro-nom, se met à un autre cas.

Ex. A qui importe-t-il? à moi, *cujusnam inte-rest? meâ.* A qui appartient-il de parler? à vous, *cujus est loqui? tuum.*

OBSERVATION.

Quand on interroge sans négation, on met en la-tin *an* ou *num* devant le premier mot, ou *ne* après, et la réponse se fait par le verbe de l'in-terrogation.

Ex. Dormez-vous ? *nùm dormis ?* Non. *Non dormio.* (*Nùm* s'emploie quand la réponse doit être négative.)

Avez-vous vu le roi ? *vidisti-ne regem.* Oui, *Vidi.*[*]

Si l'interrogation se fait par deux négations, *ne je pas, ne tu pas,* etc., on met *an-non* ou *nonne* devant le premier mot.

Ex. N'avez-vous pas vu le roi ? *An-non* ou *nonne vidisti regem ?* Non. *Non vidi.*

Quand on commande, le verbe se met à l'impératif.

Ex. Laquais, chassez les mouches ; *puer, abige muscas.*

Si le verbe est à la troisième personne, on emploie la troisième personne du présent du subjonctif, et l'on n'exprime pas le *que* français.

Ex. Qu'il s'en aille, le traître, *abeat proditor.* Quand on défend, on met *ne* avec le subjonctif ou l'impératif, ou bien l'on se sert de *noli* pour le singulier, de *nolite* pour le pluriel, avec l'infinitif.

Ex. N'insultez pas les malheureux, *ne insultes* ou *ne insulta miseris,* ou bien, *noli, nolite insultare miseris.* (On met *nòlite* pour le pluriel.)

Lorsque le verbe est à la troisième personne, on se sert toujours de *ne* avec le subjonctif.

Ex. Qu'il ne dise pas *ne dicat ;* qu'il ne sorte pas de la maison, *domo ne exeat.*

SYNTAXE DES PARTICIPES.

Il y a en latin deux participes de l'actif, comme *amans,* aimant ; *amaturus,* devant aimer ; deux du passif, comme *amatus,* aimé : *amandus* devant être aimé.

Les participes sont de véritables adjectifs, qui s'accordent en genre, en nombre et en cas avec le

*[*] Si l'interrogation tient lieu de *lorsque,* on l'exprime par *quùm.* Avait-il soupé, il s'en allait, *tournez,* lorsqu'il avait soupé, il... *Quùm cœnaverat, abibat.*

7

nom auquel ils se rapportent ; et de plus ils gouvernent le même cas que les verbes d'où ils viennent.

I. *Participes joints au Nominatif.*

Le participe qui se rapporte au nominatif du
verbe s'accorde avec ce nominatif en genre, en
nombre et en cas.

Ex. Un coq cherchant de la nourriture, trouva
une perle, *gallus escam quœrens, margaritam re-
perit.*

Cicéron devant prononcer un discours, *Cicero
orationem habiturus.*

L'enfant ayant été interrogé, répondit ; *puer
interrogatus respondit.*

Devant être interrogé, il craignait, *interrogandus
timebat*

II. *Participes joints au Régime du verbe.*

Le participe qui se rapporte au régime du verbe
s'accorde avec ce régime en genre, en nombre et en
cas. (Le participe se rapporte ordinairement au
régime du verbe, quand ce régime est exprimé
par un des pronoms *le , la , les , lui , leur.*

Ex. La ville ayant été prise, l'ennemi la pilla
tournez, l'ennemi pilla la ville prise, *urbem cap-
tam hostis diripuit.*

Les citoyens devant être passés au fil de l'épée,
le vainqueur leur pardonna, *tournez*, le vainqueur
pardonna aux citoyens devant être passés,... *civibus
ferro necandis victor pepercit.*

III. *Ablatif absolu.*

Quand le participe ne se rapporte ni au nominatif, ni au régime du verbe, on met à l'ablatif ce
participe et le nom auquel il est joint, les faisant
accorder en genre et en nombre.

Ex. Les parts étant faites, le lion parla ainsi*,
partibus factis, sic loculus est leo...

* On sous-entend une préposition : *à partibus factis*, après le
parts faites.

La lettre étant déjà écrite, votre esclave est venu, *scriptâ jam epistolâ, venit puer tuus.* (Voyez *Participes français.*)

SYNTAXE DES PRÉPOSITIONS.

On a vu dans la première partie qu'il y a trente prépositions qui gouvernent l'accusatif, et douze qui gouvernent l'ablatif.

Les prépositions servent principalement à marquer de quelle manière une chose se fait, en quel lieu, dans quel temps, c'est-à-dire les différentes circonstances de temps, de lieu, de manière, etc. On sous-entend quelquefois les prépositions, quoiqu'elles soient toujours la véritable cause du régime. J'indiquerai entre parenthèses les prépositions sous-entendues.

I. NOMS DE MATIÈRE.

Vas *ex auro.* Le nom qui exprime la matière dont une chose est faite se met à l'ablatif avec *é* ou *ex.*

Ex. Un vase d'or, *vas ex auro.*

Une statue d'airain, *signum ex ære**

II. NOMS DE MESURE, DE DISTANCE ET D'ESPACE.

Velum longum *tres ulnas*; ou *tribus ulnis.*

Le nom qui marque la mesure ou la distance se met à l'accusatif ou à l'ablatif sans préposition.

Ex. Un voile long de trois aunes, *velum longum* (ad) *tres ulnas* ou (ex) *tribus ulnis.*

Il est éloigné de vingt pas, *abest* ou *distat viginti passus* ou *viginti passibus.*

Si le nom de mesure est précédé d'un comparatif, il se met toujours à l'ablatif.

Ex. Vous n'êtes pas plus grand que moi de deux doigts, *duobus digitis major me non es.*

_____

* On pourrait aussi du nom de matière faire un adjectif qui doit s'accorder avec le nom. Ex. Un vase d'or, *vas aureum*; une statue d'airain, *signum æreum.*

Le lieu précis où une chose est arrivée se met à l'ablatif sans préposition, ou à l'accusatif avec *ad*, et alors on se sert du nombre ordinal *primus*, *secundus*, *tertius*, etc.

Il est tombé à dix pas d'ici, *cecidit decimo abhinc passu*, ou *ad decimum abhinc passum*.

III. NOMS DE L'INSTRUMENT, DE LA CAUSE, DE LA MANIÈRE, ETC.

Le nom de l'instrument dont on se sert pour faire quelque chose, la cause pourquoi elle se fait, la manière dont elle se fait, et le nom de la partie, se mettent à l'ablatif sans préposition.

EXEMPLES :

DU NOM D'INSTRUMENT.

Frapper de l'épée *ou* avec l'épée, *ferire* (cum) *gladio*.

DU NOM DE CAUSE.

Il mourut de faim, (præ) *fame interiit*.

DU NOM DE MANIÈRE.

Vous l'emportez en beauté, en grandeur, *vincis formâ*, *vincis magnitudine*.

DU NOM DE LA PARTIE.

Je tiens le loup par les oreilles, *teneo lupum auribus*.

IV. NOM DU PRIX, DE LA VALEUR.

Hic liber constat *viginti assibus*.

Le nom qui marque le prix, la valeur de quelque chose, se met à l'ablatif sans préposition.

Ex. Ce livre coûte vingt sous, *hic liber constat* (pro) *viginti assibus*.

V. QUESTIONS DE TEMPS.

I. Viniet *die dominicâ*. — Si l'on veut marquer quand une chose s'est faite ou se fera, *quandò*, le nom de temps se met à l'ablatif sans préposition.

Exemple. Il viendra dimanche, *veniet* (in) *die dominicâ*; le mois prochain, *mense proximo*; à trois heures, *horâ tertiâ*. (A la question *quandò*, l'on se sert du nombre ordinal.)

II. Regnavit *tres annos*, ou *tribus annis*.

Quand on veut marquer combien de temps une chose a duré ou durera; *quandiù*, le nom de temps se met à l'accusatif *ou* à l'ablatif sans préposition, et l'on se sert du nombre ordinal

Ex. Il a régné trois ans, *regnavit* (per) *tres annos*, ou (in) *tribus annis*.

III. *Tertium annum* regnat. — Quand on veut marquer depuis quel temps une chose se fait, *à quo tempore*, le nom de temps se met à l'accusatif, et l'on se sert du nombre ordinal ou cardinal.

Ex. Il y a trois ans qu'il règne, *tertium annum regnat*. Cic. On dit aussi *à tribus annis*. Il y a plusieurs années que je suis lié avec votre père, *multos annos utor familiariter patre tuo*.

Si le temps est passé, et qu'il ne dure plus, on met le nom de temps à l'accusatif, ou à l'ablatif avec *abhinc*, et l'on se sert du nombre cardinal.

Ex. Il a y trois ans qu'il est mort; (à) *tribus abhinc annis*, ou (anté) *tres abhinc annos mortuus est*.

IV. Id fecit *intrà tres dies*. — Quand on veut marquer en quel espace de temps une chose s'est faite ou se fera, *quanto tempore*, le nom de temps se met à l'accusatif avec *intrà*.

Ex. Dieu a créé le monde en six jours, *Deus mundum creavit intrà sex dies*.

Dans suivi d'un nom de temps s'exprime par *post* avec l'accusatif, quand il peut se tourner par *après*.

Ex. Je partirai dans trois jours, c'est-à-dire après trois jours, *post tres dies proficiscar*.

QUESTIONS DE LIEU.

Il y a quatre questions de lieu: *ubi*, où l'en est.

quò. où l'on va ; *unde*, d'où l'on vient ; *qua*. par où l'on passe.

I. QUESTION *UBI*.

Quand on marque le lieu où l'on est, où l'on fait quelque chose, c'est la question *ubi*.

SUM *in Galliâ, in urbe.*

1° A la question *ubi*, le nom de lieu se met à l'ablatif avec *in*.

Ex. Je suis en France, *sum in Galliâ* ; dans la ville, *in urbe*.

Il se promène dans le jardin, *ambulat in horto*.

On met *horto* à l'ablatif, parce qu'il ne sort pas du lieu.

NATUS EST *Avenione, Athenis.*

2° On sous-entend la préposition quand c'est un nom propre de ville.

Ex. Il est né à Avignon, *natus est Avenione* ; à Athènes, *Athenis*.

HABITAT *Lugduni, Romæ.*

3° Si le nom propre de ville est au singulier, et de la première ou seconde déclinaison, on le met au génitif (parce qu'on sous-entend *in urbe*.)

Ex. Il demeure à Lyon, *habitat Lugduni* ; à Rome, *Romæ*.

Les noms *domus, humus,* se mettent aussi au génitif, *domi, humi*... Est-il à la maison? *est ne domi?* On dit aussi *militiæ, belli*, en temps de guerre (sous-entendu *tempore*).

COENABAM *apud patrem.*

4° Le nom de la personne se met à l'accusatif avec *apud*.

Ex. Je soupais chez mon père, *cænabam apud patrem*.

II. QUESTION *QUO*.

La question *quò* se connaît lorsque le verbe signifie mouvement pour aller, venir en quelque lieu, partir pour quelque lieu.

EO *in Galliam*, *in urbem*.

1º A la question *quò*, le nom du lieu où l'on va... se met à l'accusatif avec *in*, quand on entre dans le lieu, et *ad*, quand on ne va qu'auprès.

Ex. Je vais en France, *eo in Galliam*; à la ville, *in urbem*.

Ils vinrent au même ruisseau, *venerunt ad eumdem rivum*.

IBO *Luteliam*, *Lugdunum*.

2º On sous-entend la préposition quand c'est un nom propre de ville, et devant *rus*, *domum*.

Ex. J'irai à Paris, *ibo Luteliam*; à Lyon, *Lugdunum*.

Je vais à la campagne, *eo rus*; à la maison, *eo domum*.

Si l'on se sert du Verbe *petere* pour exprimer *aller*, on met toujours le nom du lieu à l'accusatif sans préposition: Je vais au collége, *peto collegium*.

EO *ad patrem*, *ad sacram concionem*.

3º Le nom de la personne et celui de la chose se mettent à l'accusatif avec *ad*.

Ex. Je vais chez mon père, *eo ad patrem*; au sermon, *ad sacram concionem*.

III. QUESTION *UNDE*.

La question *unde* se connaît lorsque le verbe signifie mouvement pour partir, ou venir de quelque lieu.

REDEO *ex Gallia*, *ex urbe*.

1º A la question *unde*, le nom du lieu d'où l'on part, d'où l'on vient, se met à l'ablatif avec *e* ou *ex*.

Ex. Je reviens de la France, *redeo ex Gallia*: de la ville, *ex urbe*.

Il est sorti de sa chambre, *egressus est e cubiculo*.

redeo *Lugduno* , *Româ.*

2° On sous-entend la préposition, quand c'est un nom propre de ville , et devant *rure, domo.*

Ex. Je reviens de Lyon, *redeo Lugduno* ; de Rome, *Româ* ; de la campagne, *rure* ; de la maison , *domo.*

venio *à Patre*, *à Venatione.*

3° Le nom de la personne et celui de la chose se mettent à l'ablatif avec *à* ou *ab.*

Ex. Je viens de chez mon pére, *venio à patre* ; de la chasse , *à venatione.*

IV. question *QUA.*

Quand on marque le lieu par où l'on passe, c'est la question *quà.*

iter feci *per Galliam* , *per Lugdunum.*

A la question *quà*, tous les noms des lieux par où l'on passe se mettent à l'accusatif avec *per.*

Ex. J'ai passé par la France , *iter feci per Galliam* ; par Lyon , *per Lugdunum.*

Quand on se sert de *transire*, verbe composé de *ire* et de *trans*, au-delà , on met l'accusatif sans la préposition *per.* Ex. Il passa par la ville , *transiit urbem.*

iter faciam *per domum avunculi mei.*

Par chez avec un nom de personne se tourne ainsi : par la maison de , et se dit en latin *per domum.*

Ex. Je passerai chez mon oncle, *iter faciam per domum avunculi mei.*

Remarque. Quand après un nom propre de ville, se trouve le nom commun, *ville*, *endroit*, on met d'abord le nom propre au cas marqué dans chaque question : mais on exprime la préposition devant le nom commun.

Ex. Ils s'arrêtèrent à Corinthe , lieu célèbre , *constiterunt Corinthi* , *in loco nobili.*

Je vais à Rome, ville d'Italie, *eo Romam* , *in urbem Italiæ.*

Je reviens de Lyon, ville de France, *redeo Lugduno* ; *ex urbe Galliæ.*

Si le nom commun *ville* est devant le nom propre, il faut exprimer la préposition et mettre le nom propre au cas de la préposition.

Ex. Il demeure dans la ville de Lyon, *habitat in urbe Lugduno.*

Domus et *rus,* suivis d'un génitif ou d'un adjectif, prennent la préposition. Ex. Il demeure dans la maison de César, dans une campagne agréable, *habitat in domo Cœsaris, in rure amœno.*

ADVERBES DE LIEU.

QUESTIONS

UBI.	QUO.	UNDÈ.	QUA.
Où, *ubi.*	Où, *quò.*	D'où, *undè.*	Par où, *quà.*
Ici où je suis, *hic.*	Ici où je suis, *huc.*	D'ici où je suis, *hinc.*	Par ici, où je suis, *hàc.*
Là où tu es, *istic.*	Là où tu es, *istuc.*	De là où tu es, *istinc*	Par-là où tu es, *istàc.*
Là où il est, *illic.*	Là où il est, *illuc.*	De là où il est, *illinc.*	Par-là où il est, *illàc.*
Là, y, *ibi.*	Là, y, *eò.*	De là, en, *indè.*	Par là y, *eà.*
Ailleurs, *alibi.*	Ailleurs, *aliò.*	De quelque part, *alicundè.*	Par quelque endroit, *aliquà.*
Quelque part, *alicubi, uspiàm.*	Quelque part, *quòpiam.*	De quelque endroit que ce soit, *undecumque.*	Par quelque endroit que ce soit, *quàcumque.*
Partout où, en quelque lieu que ce soit, *ubicumque.*	Partout où, en quelque lieu que ce soit, *quòcumque.*		
Là même, *ibidem.*	Là même, *eòdem.*	Du même lieu, *indidem...*	Par le même lieu, *eàdem.*
Nullepart, *nusquàm, alibi*	Nulle part, *nusquàm.*		
Dehors, *foris.*	Dehors, *foràs.*		
Dedans, *intùs.*	Dedans, *intrò.*		

SYNTAXE DES ADVERBES.

Régime. Les adverbes de quantité gouvernent le génitif.

Ex. Peu de vin, *parùm vini.*
Beaucoup d'eau, *multùm aquœ.*
Plus de force, *plus virium.*
Moins de vertu, *minùs virtutis.*
Assez de paroles, *satis verborum.*
Trop de piéges, *nimis insidiarum.*

Les adverbes de temps et de lieu gouvernent le génitif.

Ex. En quel lieu du monde? *ubi terrarum?*

Nulle part, en aucun lieu du monde? *nusquàm gentium. Pridiè*, la veille; *postridiè*, le lendemain, veulent le génitif ou l'accusatif. Ex. Le jour de devant les Calendes, *pridiè Calendarum* ou *Calendas* (on sous-entend *ante*). Le jour d'après les Ides, *postridiè Iduum* ou *Idus* (sous-entendu *post*).

En, *ecce*, voici, voilà, veulent après eux le nominatif ou l'accusatif; voici, voilà le loup : *en ecce lupus* (sous-entendu *adest*); *en*, *ecce lupum* (sous-entendu *aspice*).

Ergo, employé pour *causâ*, veut le génitif et se met après son régime : à cause de lui, ou pour l'amour de lui, *illius ergò.*

Instar, comme, veut le génitif, et se met après son régime : comme une montagne, *montis instar.*

Obviàm, au-devant veut le datif : aller au-devant de quelqu'un, *ire obviàm alicui.*

SYNTAXE DES CONJONCTIONS.

Régime. Parmi les conjonctions, les unes gouvernent le subjonctif, les autres gouvernent l'indicatif. Voici celles dont l'usage est le plus fréquent.

Quùm, signifiant *lorsque*, ne veut le subjonctif que devant l'imparfait.

Ex. Lorsque la ville d'Athènes florissait , *quùm Athenœ florerent.*

Quùm, signifiant *puisque*, *vu que*, *comme*, régit toujours le subjonctif.

Ex. Puisque vous le voulez, *quùm id velis.*

Puisque vous l'avez voulu, *quùm id volueris.*

Dùm, signifiant *tandis que*, ne veut le subjonctif que devant l'imparfait.

Ex. Tandis qu'un chien portait de la chair , *dùm canis ferret carnem.*

Dùm, signifiant *pourvu que*, *jusqu'à ce que*, veut toujours le subjonctif.

Ex. Pourvu que je porte mon bât , *clitellas dùm portem meas.*

Si régit le subjonctif devant l'imparfait et le plusque-parfait.

Ex. Si tu le faisais, si tu l'avais fait à cause de moi, *id si faceres, si fecisses causâ meâ.*

REMARQUE. Quand , après *si*, il y a un second verbe au futur on met bien le premier verbe au même futur.

Ex. Si vous venez , vous me ferez plaisir , *si veneris pergratum mihi feceris.*

Si vous lisez ce livre j'en serai charmé , *quem librum si leges lœtabor.*

Ut, signifiant *afin que*, *pour*, gouverne toujours le subjonctif. Ex. Afin que je repose pendant le jour, *luce ut quiescam.*

Ut, signifiant *comme*, *de même que*, veut l'indicatif. Ex. comme l'on dit, *ut aiunt.*

Ut, signifiant *aussitôt que*, *dès que*, veut l'indicatif : Ex. Dès que je fus sorti de la ville, *ut ab urbe discessi.* Voyez (*Conjonctions françaises*, ci-après.)

FIN DE LA SECONDE PARTIE.

TROISIÈME PARTIE.

MÉTHODE

OU

MANIÈRE DE RENDRE EN LATIN

LES GALLICISMES

QUI SE RENCONTRENT LE PLUS FRÉQUEMMENT.

Les différences qui se trouvent entre les deux langues, relativement aux noms et aux adjectifs, sont indiquées dans le dictionnaire : il suffit d'avertir les enfans de faire attention au genre de chaque nom latin ; ils doivent aussi, quand ils cherchent un verbe, remarquer s'il est actif, neutre ou déponent.

CHAPITRE PREMIER.

DES VERBES.

VERBES A L'INDICATIF OU AU SUBJONCTIF EN FRANÇAIS, QU'IL FAUT TOURNER PAR L'INFINITIF EN LATIN, OU *QUE RETRANCHÉ*.

On appelle *que retranché* celui qui, étant entre deux verbes français, ne peut pas se tourner par *lequel*, *laquelle*, et qui ne s'exprime point en latin.

Je crois que vous pleurez, *tournez*, je crois vous pleurer.

Règle. Après les verbes *croire*, *savoir*, *assurer*, *être persuadé*, *prétendre*, *promettre*, *espérer*, etc.. on n'exprime pas *que* ; mais on met à l'accusatif le nom ou pronom qui suit, et le second verbe à l'infinitif latin.

Quand le *que* retranché est suivi d'une phrase *incidente*, ce n'est pas le verbe de la phrase incidente qui se met à l'infinitif ; mais c'est l'autre verbe qui est ordinairement le dernier. *Ex.* Soyez persuadé qu'un enfant (qui honore ses parens) sera aimé de Dieu, *persuasum habeto puerum (qui parentes veretur) à Deo amatum iri.* On appelle *phrase incidente*, celle qui est jointe à une autre par un de ces mots, *qui*, *pour*, *si*, etc.

Ex. Je crois que vous pleurez , *credo te flere*.

A quel temps de l'infinitif latin faut-il mettre le verbe français qui suit le *que* retranché (*)?

RÉGLES PARTICULIÈRES.

I. TEMPS DU VERBE FRANÇAIS QU'IL FAUT METTRE AU PRÉSENT DE L'INFINITIF LATIN.

1º Mettez au présent de l'infinitif le présent de l'indicatif français.

Ex. Je crois qu'il lit , *credo illum legere*.

2º Mettez au présent de l'infinitif l'imparfait de l'indicatif ; quand le premier verbe est à l'un des trois parfaits.

Ex. Je croyais , j'ai cru , j'avais cru qu'il lisait , *credebam , credidi , credideram illum legere*. (**)

3º Mettez encore au présent de l'infinitif le présent du subjonctif, quand on peut le tourner par le présent de l'indicatif en transportant la négation du premier verbe au second.

Ex. Je ne crois pas qu'il lise , *on peut tourner*, je crois qu'il ne lit pas , *non credo illum legere*.

II. APRÈS UN *que* RETRANCHÉ, METTEZ AU PARFAIT DE L'INFINITIF LATIN LES TROIS TEMPS SUIVANS:

1º Le parfait et plusque-parfait de l'indicatif français.

Ex. Je crois qu'il a lu , qu'il avait lu , *credo illum legisse*.

(*) *REGLE GÉNERALE.* Comparez les temps que marquent les deux verbes.

1º Si les deux actions exprimées par les deux verbes se font ou ont été faites dans le même temps, mettez le second verbe français au présent de l'infinitif latin.

2º Si l'action du second verbe était déjà faite dans le temps que marque le premier verbe, mettez le parfait de l'infinitif.

3º Si l'action du second verbe était encore à faire dans le temps du premier verbe, mettez le futur de l'infinitif.

(**) Si cependant le second verbe marque un temps plus ancien que le premier, mettez ce second verbe au parfait de l'infinitif latin. *Ex.* Je vous ai dit que Phèdre était esclave; *tib. dixi Phœdrum fuisse servum*.

2° L'imparfait de l'indicatif, quand le premier verbe est au présent et au futur.

Ex. Je crois, je croirai qu'il lisait, *credo*, *credam illum legisse.*

3° Le futur passé et le parfait du subjonctif, quand on peut les tourner par le parfait de l'indicatif.

Ex. Je crois qu'il aura déjà dîné, *tournez*, je crois qu'il a déjà dîné, *credo illum jam prandisse.*

Je ne crois pas qu'il ait encore dîné, *tournez*, je crois qu'il n'a pas encore dîné, *non credo illum jam prandisse.*

III. APRÈS UN *que* RETRANCHÉ, METTEZ AU FUTUR DE L'INFINITIF LATIN LES TROIS TEMPS SUIVANS:

1° Le futur et l'indicatif français.

Ex. Je crois qu'il viendra demain, *credo illum cras venturum esse.*

2° Le présent du subjonctif, quand on peut le tourner par le futur de l'indicatif, en transportant la négation du premier verbe au second.

Ex. Je ne crois pas qu'il vienne demain, *on peut tourner*, je crois qu'il ne viendra pas demain, *non credo illum cras venturum esse.*

3° L'imparfait du subjonctif terminé en *rais.*

Ex. Je croyais qu'il viendrait demain, *putabam eum cras venturum esse.*

IV. APRÈS UN *que* RETRANCHÉ, METTEZ AU FUTUR PASSÉ DE L'INFINITIF LATIN :

Le plusque-parfait du subjonctif français.

Ex. Je crois qu'il serait venu si... *credo illum venturum fuisse si...*

Cependant s'il peut se tourner par le plusque-parfait de l'indicatif, mettez-le au parfait de l'infinitif. Ex. Je ne savais pas que vous fussiez arrivé, *tournez*, que vous étiez arrivé, *nesciebam te advenisse.*

REMARQUE. L'imparfait du subjonctif terminé en *asse*, *isse*, *isse*, *usse*, se tourne quelquefois par l'imparfait de l'indicatif, et alors il en suit la règle.

Ex. Je ne croyais pas, je n'ai pas cru, je n'avais pas cru que vous fussiez malade, *tournez, que vous étiez*... *non credebam, non credidi, non credideram te œgrotare.* (Je mets le présent *œgrotare,* parce que le premier verbe est à l'un des trois parfaits.)

Je ne crois pas, je ne croirai pas que vous fussiez malade, *tournez, que vous étiez, non credo, non credam te œgrotavisse.* (Je mets le parfait de l'infinitif, parce que le premier verbe est au présent ou au futur.)

Quelquefois l'imparfait en *asse, insse...* se tourne par le futur de l'indicatif, et alors il suit la règle du futur.

Ex. Si je croyais que vous vinssiez bientôt, je vous attendrais, *tournez, que vous viendrez, si putarem te brevi venturum esse, te expectarem.*

PREMIÈRE OBSERVATION.

Lorsqu'après un *que* retranché, on doit mettre le verbe à l'un des deux futurs de l'infinitif, et que le verbe latin n'en a point.

1º Exprimez le futur de l'indicatif et le présent du subjonctif français par *fore ut* ou *futurum esse ut,* avec le présent du subjonctif latin.

Ex. Je crois que vous vous repentirez, *credo fore ut te pœniteat.*

2º Exprimez l'imparfait du subjonctif français par *fore ut,* avec l'imparfait du subjonctif latin.

Ex. Je croyais que vous vous repentiriez, *credebam fore ut te pœniteret.*

3. Exprimez le plusque-parfait du subjonctif français par *futurum fuisse ut,* avec l'imparfait du subjonctif latin.

Ex. Je croyais que vous vous seriez repenti, *credebam futurum fuisse ut te pœniteret.*

On se sert encore de *fore ut,* avec le parfait du subjonctif, pour exprimer le futur passé et le parfait du subjonctif, quand ils marquent l'avenir.

Ex. Vous croyez qu'il aura bientôt terminé cette affaire, *credis fore ut brevi illud negotium confecerit.*

Je ne crois pas qu'il ait sitôt terminé cette affaire, *non credo fore ut tam citò illud negotium confecerit.*

SECONDE OBSERVATION.

Quand les verbes *croire*, *espérer*, *promettre*, *menacer*, *se souvenir*, etc., sont suivis d'un infinitif français, tournez la phrase de manière qu'il y ait un *que* entre les deux verbes, et alors vous suivrez la règle du *que* retranché.

Ex. Je crois avoir lu, *tournez*, que j'ai lu, *credo me legisse.*

Vous croyez être heureux, *tournez*, que vous êtes heureux, *credis te esse beatum.*

Il espère partir bientôt, *tournez*, qu'il partira bientôt, *sperat se brevi profecturum.*

Je me souviens d'avoir lu, *tournez*, que j'ai lu, *memini me legere.* (Après *memini*, on met mieux le présent que le parfait de l'infinitif.)

Il faut éviter dans les matières de composition que l'on donne aux enfans ces locutions : je crois qu'il part demain, pour, qu'il partira ; je croyais que vous partiez demain, pour, que vous partiriez ; je dirai que vous serez sage, pour, que vous êtes sage ; je n'aurais pas cru que vous fussiez devenu si savant, pour, que vous deviendriez, etc. Le bon sens leur indiquera dans la suite la véritable valeur de ces temps beaucoup mieux que toutes nos règles.

VERBES APRÈS LESQUELS LE *QUE*, OU *DE* FRANÇAIS SE REND EN LATIN PAR PLUSIEURS CONJONCTIONS.

CONSEILLER DE, *suadere ut.*
CONSEILLER DE NE PAS, *suadere ne.*

Règle. Après les verbes *conseiller*, *persuader*, *souhaiter*, *faire en sorte*, *commander*, *prier*, *avoir soin*, *il faut*, *il est juste*, *il est nécessaire*, *il arrive*, *il importe*, etc., le *de* ou *que* s'exprime par *ut* avec le subjonctif, et, s'il suit une négation, par *ne* ou *utne*.

Ex. Je vous conseille de lire, *tournez*, que vous lisiez, *suadeo tibi ut legas*; de ne pas jouer, *ne ludas*.

Ayez soin de vous bien porter, *cura ut valeas*, de ne pas tomber malade, *ne in morbum incidas* (*).

Dites-lui, avertissez-le de prendre garde à lui, *tournez*, qu'il prenne garde... *dic illi, mone illum ut sibi caveat*.

REMARQUE. Après *dire, avertir, persuader, écrire*, le *que* se retranche quand il ne peut pas se tourner par *de*.

Ex. Dites-lui, avertissez-le que je suis arrivé, *dic illi, mone illum me advenisse*. (De même après *jubere*, commander, le *que* se retranche presque toujours et le verbe suivant se met au présent de l'infinitif.)

IL N'IMPORTE PAS QUE... OU DE... *nihil... refert utrum... an...*

Règle. Quand après *il n'importe pas... il importe peu, qu'importe*, il y a deux *que* ou deux *de*, on les tourne par *si*, et on exprime le premier par *utrùm*, et le second par *an*, avec le subjonctif.

Ex. Il ne m'importe pas, que m'importe d'être riche ou pauvre? *tournez* si je suis riche, *nihil meâ refert, quid meâ refert utrùm dives sim, an pauper?* (Au lieu de *utrùm* on peut mettre *ne* après le premier mot, *divesne sim, an pauper.*)

Après se mettre peu en peine *parùm curare*, les deux *que* s'expriment aussi par *utrùm, an*; et si à la place du second *que* il y a ces mots, *ou non*, on les exprime par *an-non*, ou *nec-ne*.

(*) Après *curare*, avoir soin, on met élégamment le participe du futur en *dus, da, dum*, si le verbe a un régime avec lequel on puisse le faire accorder. *Ex.* Il a eu soin de me faire tenir la lettre, *litteras ad me perferandas curavit.*

Après *oportet, volo, nolo, malo*, on met élégamment le participe passé en *us, a, um*. Je veux vous avertir d'une chose, *unum te monitum volo.*

Ex. Je me mets peu en peine, que vous m'é-
coutiez ou non ; *parùm curo utrùm me audiás,
nec-ne.*

OBSERVATION.

À quel temps du subjonctif latin faut-il mettre
l'infinitif français qui suit *de* exprimé par *ut, ne,
an, utrùm, quin ?*

Si le premier verbe est au présent ou au futur
on met en latin le second au présent du subjonctif,
et le régime du premier verbe devient le nominatif
du second.

EXEMPLES :

| Je vous conseille | de dire. | *Tibi suadeo* | ut legas. |
| Je vous conseillerai | | *Tibi suadebo* | |

Mais si le premier verbe est à l'un de trois parfaits, on met le second à l'imparf. du subjonctif.

EXEMPLES :

Je vous conseillais	de dire.	*Tibi suadebam*	ut legeres.
Je vous ai conseillé		*Tibi suasi*	
Je vous avais conseillé		*Tibi suaseram*	

CRAINDRE DE OU QUE NE... *timere ne.*
CRAINDRE DE NE PAS, OU QUE NE PAS... *timeret ut,*
OU *ne-non.*

Règle. Après *craindre, appréhender, avoir peur,*
etc., *de* ou *que* suivi de *ne* seulement s'exprime
par *ne* avec le subjonctif.

Ex. Je crains que le maître ne vienne, *timeo
ne præceptor veniat.*

Mais après ces verbes *que* ou *de*, suivi de *ne
pas* ou *ne point*, s'exprime par *ut* ou *ne-non.*

Ex. Je crains que le maître ne vienne pas, *timeo
ut præceptor* ou *ne-non præceptor veniat.*

Quand le verbe *craindre* signifie *faire difficulté* on l'exprime
par *dubitare*, avec l'infinitif, et s'il signifie *ne pas oser*, ou l'exprime par *non audere*. Ex. Il ne craint pas d'avouer, *tournez*,
il ne fait pas difficulté d'avouer, *fateri non dubitat* ; je crains de
dire, *tournez* je n'ose dire, *non audeo dicere.*

PRENDRE GARDE DE OU QUE NE, *cavere ne.*

Règle. Après les verbes *prendre garde, dissuader,* de ou *que ne* s'exprime par *ne* avec le subjonctif.

Ex. Prenez garde de tomber, *ou* que vous ne tombiez, *cave ne cadas.*

Dissuadez-le de partir, *illi dissuade ne proficiscatur.*

Prendre garde, signifiant *avoir soin, faire en sorte,* s'exprime par *curare, dare operam,* et *que* par *ut,* avec le subjonctif.

Ex. Prenez garde que tout soit prêt, *c'est-à-dire* avez soin que... *da operam ut omnia sint parata.*

Si *prendre garde* signifie *remarquer,* on l'exprime par *animadvertere,* et le *que* se retranche. *Ex.* Il ne prend pas garde qu'on se moque de lui, *c'est-à-dire* il ne remarque pas... *non animadvertit se derideri.*

N'AVOIR GARDE DE... SE GARDER BIEN DE...
non comittere ut.

Règle. Après *se garder bien de... n'avoir garde de,* on exprime *de* par *ut* avec le subjonctif.

Ex. Je me garderai bien de vous quitter, *non committam ut à te discedam.*

MÉRITER, ÊTRE DIGNE DE OU QUE... *dignum esse ut.*

Règle. Après *mériter, être digne, de* ou *que* s'exprime par *ut* avec le subjonctif (*).

Ex. Il mérite de commander, *tournez,* qu'il commande, *dignus est ut imperet,* on dit mieux, *dignus est qui imperet.* (*Qui* tient lieu de *ut ille.*)

Il mérite que j'aie pitié de lui, *dignus est ut illius me misereat,* ou *cujus me misereat.* (*Cujus* tient lieu de *ut illius.*)

Vous méritez qu'il vous favorise, *dignus est ut tibi faveat,* ou *cui faveat.* (*Cui* tient lieu de *ut tibi.*)

Il mérite que je l'honore, *dignus es ut eum colam,* ou *quem colam.* (*Quem* tient lieu de *ut eum.*)

* *Ut conjux essem tua digna videbar.* Ovid. *Respondit se meruisse ut...* Cic. de Orat. 48 r.

Vous méritez qu'il vous rende service, *dignus es ut de te benè mereatur*, ou *de quo benè mereatur* (*De quo* tient lieu de *ut de te.*)

REMARQUE. *Qui*, *quæ*, *quod*, est employé pour *ut* et un pronom, et il se met au cas où l'on mettrait le pronom ; ainsi, quand après *mériter* il n'y a point de pronom qui se rapporte au nominatif du verbe *mériter*, on ne peut pas employer *qui*, *quæ*, *quod*, mais il faut se servir de *ut*. Ex. Vous méritez bien que j'agisse ainsi, *dignus sanè es ut sic agam*, et non pas *qui sic agam*.

EMPÊCHER, DÉFENDRE *de* ou *que ne*, *prohibere ne*.
NE PAS EMPÊCHER, NE PAS DÉFENDRE *de* ou *que*,
     non prohibere quin, *quominus*.

Règle. Après les verbes *empêcher*, *défendre*, quand ils ne sont pas accompagnés d'une négation ou d'une interrogation, *de* ou *que ne* s'exprime par *ne* avec le subjonctif, et le régime de la personne sert de nominatif au second verbe.

Ex. Dieu nous défend de mentir, *tournez*, défend que nous ne mentions, *Deus prohibet ne mentiamur*.

Cela m'a empêché de partir, *id impedivit ne proficiscerer*.

Mais quand il y a une négation ou une interrogation jointe au verbe *empêcher*, *défendre*, *de* ou *que ne* s'exprime par *quin* ou *quominus*.

Ex. Je ne vous empêche pas, qui vous empêche de partir ? *tournez*, que vous ne partiez, *non impedio*, *quis impedit quin proficiscaris*.

Après *il ne tient pas à moi*, *à quoi tient-il* ? *que ne* s'exprime aussi par *quin* avec le subjonctif.

Ex. Il ne tient pas à moi que vous ne soyez heureux, *per me non stat quin sis beatus*.

Dans cette façon de parler, *je ne puis*, *je ne saurais m'empêcher*, *me défendre*, les verbes *s'empêcher*, *se défendre*, se tournent par *ne pas*, qu'on exprime par *non*, avec l'infinitif.

Ex. Je ne puis m'empêcher de parler, *tournez*, je ne puis ne pas parler, *non possum non loqui* ; je ne puis m'empêcher de rire, *tournez*, je ne puis ne pas rire *non possum non ridere*.

SE RÉJOUIR *de... ou que... gaudere quòd.*

Règle. Après *se réjouir, se repentir, être fâché, avoir honte, s'étonner, être surpris, remercier, savoir bon gré,* etc., *de* ou *que* se tourne par *de ce que*, et s'exprime par *quòd* avec le subjonctif ou l'indicatif.

Ex. Je me réjouis de vous avoir été utile, *tournez*, de ce que je vous ai été utile, *gaudeo quòd tibi profuerim.*

J'ai honte de ne vous avoir pas encore répondu, *me pudet quod ad te nondùm rescripserim.*

REMARQUE. Après ces verbes, on peut encore retrancher le *que*, *gaudeo me tibi profuisse.*

ATTENDRE *que, expectare dùm ou donec.*

Règle. Après *attendre, que* se tourne par *jusqu'à ce que*, et s'exprime par *dùm* ou *donec* avec le subjonctif.

Ex. Attendez que le Roi soit arrivé, *expecta dùm Rex advenerit.*

Ne confondez pas *s'attendre* avec *attendre* : après *s'attendre* en latin *existimare, persuasum habere*, on retranche le *que*, et on met toujours le verbe suivant au futur de l'infinitif. *Ex.* Je m'attendais que vous m'écririez, *te ad me scripturum esse existimabam.*

Quand *s'attendre* signifie *prévoir*, il s'exprime par *prævidere*, et l'on retranche le *que*. *Ex.* Je m'étais bien attendu qu'il en serait ainsi, *ità futurum sanè prævideram.*

CELA EST CAUSE, *que, ea causa est cur.*

Règle. Après *être cause, que* s'exprime par *cur* avec le subjonctif.

Ex. La maladie a été cause que je n'ai pas été vous voir, *morbus causa fuit cur te non inviserim.*

DOUTER *dubitare, an.*

NE PAS DOUTER *que, non dubitare quin.*

Règle. Quand le verbe *douter* n'est accompagné ni d'une négation, ni d'une interrogation, on tourne *que* par *si*, et on l'exprime par *an* avec le subjonctif.

Ex. Je doute qu'il se porte bien, *tournez*, s'il se porte bien, *dubito an valeat.*

Mais quand le verbe *douter* est accompagné d'une négation ou d'une interrogation, on exprime *que* par *quin* avec le subjonctif. (*Quin* renferme le *ne* français suivant.)

Ex. Je ne doute pas qu'il ne se porte bien, *non dubito quin valeat.*

Qui doute que la vertu ne soit aimable? *quis dubitat quin virtus sit amabilis.*

Ne confondez pas *se douter* avec *douter:* Après *se douter, suspicari, praevidere,* on retranche le *que. Ex.* Je me doutais bien que la chose irait mal, *c'est-à-dire* je soupçonnais que... *suspicabar rem malè cessuram.*

VERBES À L'INDICATIF DANS LE FRANÇAIS, QU'IL FAUT METTRE AU SUBJONCTIF EN LATIN.

I. Vous ne savez pas qui je suis, *en latin*, qui je sois.

Règle. Qui ou *quel* interrogatif entre deux verbes veut le second au subjonctif en latin.

Ex. Vous ne savez pas qui je suis, *nescis quis ego sim.*

Dites-moi quelle heure il est, *dic mihi quota hora sit.*

Je ne sais lequel des deux a été le plus éloquent, *nescio uter fuerit eloquentior.*

Ecrivez-moi ce que vous faites, c'est-à-dire quelle chose vous faites, *ad me scribe quid agas.*

Ecrivez-moi ce qui se passe là où vous êtes, c'est-à-dire qu'elle chose se passe,... *ad me scribe quid istic agatur.*

REMARQUE. *Ce qui, ce que,* s'exprime par *quid* quand on peut le tourner par *quelle chose,* comme dans l'exemple précédent; mais *ce qui, ce que,* s'exprime par *quod* quand on ne peut pas le tourner par *quelle chose* parce qu'alors il n'est pas interrogatif. *Ex.* Il fait ce que je lui avais commandé, *facit quod ei praeceperam.*

II. Les adverbes de lieu, *ubi, quò, quà, undè* et les conjonctions *cur, quarè, quomodò, an,* utrùm, etc., entre deux verbes, veulent le second au subjonctif en latin.

Ex. Je voudrais savoir où vous êtes, *scire velim ubi sis* ; d'où vous venez, *undè venias* ; où vous allez, *quò eas* ; s'il a de quoi vous payer, *si habuerit undè tibi solvat.*

Interrogée pourquoi elle disait cela, *interr gata cur hoc diceret.*

III. *Combien*, entre deux verbes, veut toujours le second au subjonctif en latin.

Ex. Vous voyez combien je vous aime, *vides quantùm te amem.*

Je dirai en peu de mots combien la liberté est douce, *quàm dulcis sit libertas breviter proloquar.*

Il y a beaucoup d'autres conjonctions après lesquelles le verbe latin se met au subjonctif ; nous en avertirons dans l'occasion.

Qui interrogatif devant un futur de l'indicatif et un imparfait du subjonctif veut le verbe au présent du subjonctif en latin. Qui croira ? *quis credat* ? Qui n'admirerait pas cette action ? *quis non illud factum miretur?*

A QUEL TEMPS FAUT-IL METTRE LE VERBE LATIN APRÈS LES MOTS QUI VEULENT LE SUJONCTIF, COMME ut, ne, an, quin, ETC. ?

I. Mettez tous les temps de l'indicatif français au mêmes temps du subjonctif latin, excepté les deux futurs.

EXEMPLES :

Je ne sais		Nescio	
ce que vous faites,			quid agas.
ce que vous faisiez,			quid ageres.
ce que vous avez fait,			quid egeris.
ce que vous aviez fait,			quid egisses.

Le futur de l'indicatif après *quin*, *an*, etc., se met au participe du futur en *rus*, *ra*, *rum*, pour l'actif, en *dus*, *da*, *dum*, pour le passif, avec *sum*, *sis*, *sit.*

Ex. Je ne sais s'il écoutera, *nescio an auditurus sit* ; s'il sera écouté, *an audiendus sit.*

Si le verbe latin n'a pas de participe du futur, mettez simplement le présent du subjonctif, en y joignant quelque adverbe qui marque le futur.

Ex. Je ne sais s'il se repentira, *nescio an illum unquàm pœniteat.*

II. Si le verbe français est au subjonctif, et qu'il marque l'avenir, mettez en latin le participe du futur, avec *sim*, *sis*, *sit*, pour exprimer le présent du subjonctif ; avec *essem*, *esses*, *esset*, pour l'imparfait ; avec *fuissem*, *fuisses*, *fuisset*, pour le plusque-parfait du subjonctif.

Ex. Je doute que le roi vienne bientôt, *dubito an rex brevi venturus sit.*

Je ne savais si le roi viendrait, je doutais que le roi vînt bientôt, *nesciebam an, dubitabam an brevi rex venturus esset.*

Je ne sais si le roi serait venu, je doute que le roi fût venu, *nescio an rex, dubito an rex venturus fuisset.*

Quand le verbe qui est au subjonctif ne marque pas l'avenir, ou qu'il n'a pas de participe du futur en latin, mettez les temps du subjonctif français aux mêmes temps du subjonctif latin.

Ex. Je doute qu'il se repente jamais, *dubito an illum unquàm pœniteat.*

Je ne sais s'il se repentirait, *nescio an illum unquàm pœniteret.*

Je ne sais s'il se serait repenti, *nescio an illum pœnituisset.*

Le futur passé après *ne pas savoir si*, et le parfait du subjonctif après *douter que*... se mettent au parfait du subjonctif quand ils marquent le passé.

Ex. Je ne sais s'il aura soupé, je doute qu'il ait soupé de si bonne heure, *nescio an, dubito an tàm maturè cœnaverit.*

Mais si ces deux temps marquent l'avenir, ce qui arrive quand ils sont suivis de *lorsque*, mettez les au participe du futur en *rus*, *ra*, *rum* ou *dus*, *da*, *dum*, avec *sim*, *sis*, *sit*, en changeant *lorsque* par *avant que*.

Ex. Je ne sais s'il aura terminé, je doute qu'il ait terminé l'affaire lorsque vous viendrez ici : *nescio an*, *dubito an priùs rem confecturus sit*, *quàm huc venias*, c'est-à-dire s'il terminera avant que vous veniez[*].

[*] Si le verbe latin est au passif, on peut mettre le participe passé avec *Futurus*, *a*, *um*, *sim*, *sis*, *sit*. *Exemple de Cicéron*, *liv.* 6, *épît.* 13. « Je ne doute pas que l'affaire n'ait été réglée » lorsque vous lirez cette lettre: *non dbito quin*, *te legente has* » *litteras*, *confecta jàm res futura sit* » Il paraît que les Latins évitaient ce tour de phrase.

VERBES AU PASSIF DANS LE FRANÇAIS QU'IL FAUT TOURNER PAR L'ACTIF EN LATIN.

Je suis favorisé de la fortune, *tournez*, la fortune me favorise.

Règle. Quand un verbe au passif dans le français est neutre ou déponent en latin, il faut tourner le passif en actif, et pour cela on prend le régime pour en faire le nominatif, et le nominatif pour en faire le régime.

Ex. Je suis favorisé de la fortune, *mihi favet fortuna.* (*Faveo* n'a point de passif.)

Il est admiré de tout le monde, *tournez*, tout le monde l'admire, *illum omnes admirantur.*

REMARQUE. s'il n'y a point de régime dont on puisse faire le nominatif, mettez le verbe à la troisième personne du pluriel (en sous-entendant *homines*.)

Ex. Cicéron était admiré quand il parlait, *admirabantur Ciceronem quùm diceret.*

VERBES A L'ACTIF DANS LE FRANÇAIS, QU'IL FAUT TOURNER PAR LE PASSIF EN LATIN.

Il faut changer l'actif en passif quand il y a *amphibologie*, c'est-à-dire quand, après un *que* retranché, le nominatif français et le régime seraient mis tous deux à l'accusatif latin sans que l'on pût distinguer l'un de l'autre: alors on tourne par

8

le passif, en prenant le régime direct pour en faire le nominatif, et le nominatif pour en faire le régime.

Ex. Vous dites que Pierre aime Paul, vous ne pouvez pas mettre, *dicis Petrum amare Paulum*, parce qu'on ne saurait quel est celui qui aime, si c'est Pierre qui aime Paul, ou si c'est Paul qui aime Pierre : il faut donc changer l'actif en passif de cette manière : Vous dites que Paul est aimé de Pierre ; *dicis Paulum à Petro amari*.

On change encore l'actif en passif avec le pronom français *on*, *l'on*.

CHAPITRE II.
DES PRONOMS.
I. PRONOM FRANÇAIS QUI MANQUE EN LATIN,
ON, L'ON.

Il y a deux manières de rendre en latin *on*, *l'on*.

1re MANIÈRE. On aime la vertu, *tournez*, la vertu est aimée.

Règle. Le verbe qui suit *on*, *l'on*, est-il actif, *tournez* par le passif.

Ex. On aime la vertu : *virtus amatur*.

Si le verbe n'a point de régime dont on puisse faire le nominatif du verbe passif, mettez ce verbe à la troisième personne du singulier passif: plusieurs verbes neutres mêmes ont cette troisième personne.

Ex. Non-seulement on ne porte pas envie aux jeunes gens, mais on leur est même favorable, *adolescentibus non modò non invidetur, verùm etiam illis favetur.*

On raconte, *narratur*; on rapporte *fertur*; on va, *itur*; on est venu, *ventum est.*

IIe On aime la vertu, *amant virtutem.*

Mettez le verbe qui suit *on*, *l'on*, à la troisième personne du pluriel; ce qu'il faut toujours faire quand ce verbe est neutre ou déponent en latin.

Ex. On admire la vertu, *admirantur virtutem.*
(On sous-entend homines.)

On hait celui que l'on craint, *oderunt quem metuunt.*

On dit, *aiunt, ferunt, memorant, perhibent.*

REMARQUE. Devant les impersonnels *pœnitet, pudet, tœdet, miseret, piget,* il faut exprimer le mot *homines. Ex.* On se repent d'avoir mal vécu, *homines pœnitet malè vixisse.*

Si le verbe qui suit *on* est accompagné d'une négation, on tourne par *personne ne, nemo,* et le verbe se met à la troisième personne du singulier.

Ex. On ne peut être heureux sans la vertu, tournez, personne ne peut... *nemo sine virtute potest esse beatus.*

Quand on, lorsqu'on, se tournent par *celui qui, ceux qui.*

Ex. Quand on désire le bien d'autrui, on perd justement le sien, tournez, celui qui désire... *qui bonum alienum appetit, merito amittit proprium.*

Si on, si l'on, se tournent par *si quelqu'un, si quis.*

Ex. Si l'on vous demande, *si quis te interroget.*

REMARQUE. On ne dit pas *si aliquis,* mais *si quis;* après *si, nisi, ne, num, sive, quòd,* on retranche *ali* dans les mots qui commencent ainsi : *si quandò,* pour *si aliquandò, ne quandò,* pour *ne aliquandò,* etc.

On voit, on trouve des gens qui... s'expriment par *videas, reperias qui.... videre est, reperire est qui....* et le verbe suivant se met au subjonctif. *Ex.* On voit des gens qui aspirent aux honneurs, *videas homines qui honores appetant.*

ON DIT QUE... ON CROIT QUE... IL SEMBLE, IL PARAIT QUE...

On dit, on croit, etc., s'expriment en latin de deux manières.

1° *Personnellement,* en prenant le nominatif du second verbe, pour en faire le nominatif des verbes *on dit, on croit,* etc.

Ex. On dit que les cerfs vivent très-long-temps, tournez, les cerfs sont dits vivre... *cervi dicuntur diutissimè vivere.*

Il paraît que vous êtes malade, *tournez*, vous paraissez être malade, *videris ægrotare*.

2° *Impersonnellement*, en tournant par la troisième personne du singulier passif, *il est dit que... il est cru que...* alors *que* se retranche.

Ex. On dit que les cerfs vivent très-long-temps, *tournez*, il est dit que les cerfs... *dicitur cervos diutissimè vivere*.

REMARQUE. On exprime toujours de cette seconde manière *on dit, on croit*, quand ils sont suivis d'un verbe impersonnel.

Ex. On dit que vous vous repentez de votre faute, *tournez*, il est dit que vous... *dicitur te tuæ culpæ pænitere*.

OBSERVATION SUR LE VERBE FRANÇAIS
ON ENSEIGNE.

Pour tourner ce verbe par le passif, il faut faire attention à la signification du verbe latin *doceri*, qui veut dire *être instruit* : comme cela ne peut se dire que d'une personne et non pas d'une chose, le verbe passif *doceor* veut toujours pour nominatif le nom de la personne.

Ex. On enseigne la grammaire aux enfans, *tournez*, les enfans sont instruits sur la grammaire, *pueri docentur grammaticam*.

Les enfans à qui l'on enseigne la grammaire, *tournez*, les enfans qui sont instruits sur la grammaire, *pueri qui docentur grammaticam*.

La grammaire que l'on enseigne aux enfans, *tournez*, la grammaire sur laquelle les enfans sont instruits, *grammatica quam pueri docentur*.

(*Tournez de même cette phrase* : la grammaire qui est enseignée aux enfans.)

II. PRONOMS FRANÇAIS QUE L'ON EXPRIME D'UNE MANIÈRE DIFFÉRENTE EN LATIN.

Il, *le*, *la*, *lui*, *leur*, qu'il faut quelquefois tourner en latin par *soi*, *à soi*, etc., et exprimer par *sui*, *sibi*, *se*.

Le renard dit qu'il n'était pas coupable , *tour-nez* , dit soi n'être pas.

Règle. Quand les pronoms *il* , *elle* , *la* , *lui* , *leur* , après un *que* retranché ou exprimé , se rapportent au nominatif du premier verbe , on les exprime par *suî* , *sibi* , *se*.

Pour connaître si ces pronoms se rapportent au nominatif du premier verbe , faites l'interrogation suivante , *qui il ? qui elle ?*

Ex. Le renard dit qu'il n'était point coupable de la faute ; *qui il ?* Réponse. *Le renard.* Quand le mot de la réponse est le même que le nominatif du premier verbe , exprimez *il* par *se* ; ainsi dites : *Vulpes negavit se esse culpæ noxiam.*

Diogène ordonna qu'on le jeta à la voirie ; *qui le ?* Réponse. *Diogène.* Comme le mot de la réponse est le même que le nominatif du verbe , dites : *Diogenes jussit se projici inhumatum.*

Ce philosophe disait qu'il lui importait peu ; *qui lui ?* Réponse. *Ce philosophe. Hic philosophus dicebat suâ parvi referre.*

Mais je crois qu'il mentait ; *qui il ?* Réponse. *Ce philosophe.*

Quand le mot de la réponse n'est pas le même que le nominatif du verbe , exprimez *il* par *ille* , *illa* , *illud* ; ainsi dites : *At credo illum mentitum fuisse.* (*Il* , *elle* , etc. , ne peuvent jamais se rapporter à un nominatif de la première ou de la seconde personne.)

SON, SA, SES, LEUR, LEURS, QU'IL FAUT QUELQUEFOIS TOURNER EN LATIN PAR *DE LUI,* *D'ELLE, D'EUX, D'ELLES,* ET EXPRIMER PAR *EJUS, EORUM, EARUM.*

I. *Son, sa ses, leur, leurs,* APRÈS UN SEUL VERBE.

PATER AMAT *suos liberos.*

RÈGLE. *Son, sa, ses*... après un seul verbe , s'expriment par *suus, sua, suum* , quand ils se rapportent au nominatif de ce verbe.

Pour connaître s'ils se rapportent au nominatif du verbe, faites l'interrogation suivante : *de qui?*

Ex. Un père aime ses enfants. Les enfans *de qui?* *Réponse... Du père.*

Quand le mot de la réponse est le même que le nominatif du verbe, servez-vous de *suus, sua, suum*; ainsi dites : *l'ater amat suos liberos.*

Quand le mot de la réponse n'est pas le nominatif du verbe, exprimez *son, sa, ses,* par *ejus; leur, leurs,* par *eorum, earum.*

Ex. Mais il n'aime pas leurs défauts. Les défauts *de qui?* Réponse. *Des enfants.* Comme ce mot *enfants* n'est pas le nominatif du verbe, dites : *At eorum vitia odit.*

Cependant quand le verbe est de première ou de seconde personne, on se sert de *suus, a, um,* pourvu qu'il se rapporte à un second régime. *Exemple.* J'ai rendu à César son épée, *suum Cæsari gladium restitui.*

II. *Son, sa, ses, leur, leurs,* APRÈS DEUX VERBES.

Règle. Quand *son, sa, ses,* etc., sont après deux verbes, on les exprime par *suus, sua, suum,* pourvu qu'ils se rapportent au nominatif de l'un des deux verbes.*

Ex. La mère vous prie de pardonner à son fils, c'est-à-dire que vous pardonniez, *mater te orat ut filiolo ignoscas suo.* (*Son,* ici, se rapporte au nominatif du premier verbe.)

J'écris à mon ami de me confier son affaire, c'est-à dire qu'il me confie, *ad amicum scribo ut mihi negotium committat suum.* (*Son,* ici, se rapporte au nominatif du second verbe.)

Mais on exprime *son, sa, ses,* par *ejus* ou *illius; leur, leurs,* par *eorum, earum,* quand ils ne se rapportent ni à l'un, ni à l'autre de ces deux nominatifs.

* A moins que les verbes ne soient tous deux de la troisième personne ; car alors il faut que *son, sa...* se rapportent au nominatif du verbe *principal,* (c'est-à-dire de celui qui gouverne l'autre, pour éviter l'ambiguïté.)

Ex. Je vous prierai de prendre ses intérêts, *te rogabo ut illius commodis inservias.* (*Son*, *sa*, *ses*, ne peuvent jamais se rapporter à un nominatif de première ou de seconde personne.)

III. *Son*, *sa*, *ses*, *leur*, *leurs*, AU COMMENCEMENT D'UNE PHRASE.

Ejus INDOLES EST OPTIMA.

1re *Règle. Son*, *sa*, *ses*, au commencement d'une phrase, s'expriment par *ejus* ou *illius* ; *leur*, *leurs*, par *eorum*, *earum*, quand ils ne se rapportent pas au régime du verbe suivant.

Ex. Son caractère est excellent, *tournez* le caractère de lui... *ejus indoles est optima.*

Sua EUM COMMENDAT MODESTIA.

IIe *Règle. Son*, *sa*, *ses*, même au commencement d'une phrase, s'expriment par *suus*, *sua*, *suum*, quand ils se rapportent au régime du verbe suivant ; ce qui arrive lorsqu'ils sont suivis de *le*, *la*, *les*, ou précédés d'un *que* relatif.

Ex. Sa modestie le rend recommandable, *sua eum commendat modestia.*

L'enfant que sa modestie rend recommandable, *puer quem sua commendat modestia.*

On ajoute en latin *suus*, *a*, *um*, au nominatif, quand le nominatif français est suivi d'un génitif et de *le*, *la*, *les*.

Exemple. L'ambition de cet homme le perdra, *tournez*, son ambition perdra cet homme, *sua hominem perdet ambitio.*

TEL QUE... TELLE QUE, *IS QUI*, *EA QUÆ*.

Règle. 1° *Tel*, *telle que*, se tournent en latin par *celui*, *celle que*, et s'expriment, *tel*, *telle*, par *is*, *ea*, *id*, et *que* par *qui*, *quæ*, *quod*, que l'on met au nominatif devant *sum*, etc., *sim*, et à l'accusatif devant *esse*, mis pour un *que* retranché.

Ex. Je ne suis pas tel que vous, *tournez*, je ne suis pas celui lequel vous êtes, *non is sum qui tu* (sous-entendu *es.*) On peut dire aussi : *Non sum talis qualis tu.*

Il n'est pas tel que vous pensez, *tournez*; il n'est pas celui lequel vous pensez qu'il est, *non is est quem putas* (sous-entendu *eum esse*). *Quem* est à l'accusatif, à cause du *que* retranché

2° *Tel*, quand il n'est pas suivi de *que*, s'exprime par *is* ou *talis*.

Ex. Tel a été mon père, *is* ou *talis fuit pater meus*.

3° Lorsque *tel*, au commencement d'une phrase, est suivi de *qui*, on tourne *tel* par quelques-uns, *quidam*, ou par il y en a qui... *sunt qui*.

Ex. Tel rit aujourd'hui qui pleurera demain, *tournez*, quelques-uns rient... *quidam hodiè rident, qui cras flebunt*.

TEL RÉPÉTÉ, *qui*, *is*.

4° Quand *tel* est répété, le premier s'exprime par *qui*, *quæ*, *quod*, et le second par *is*, *ea*, *id*; ou bien le premier par *qualis*, et le second par *talis*.

Ex. Tel père, tel fils, *qui pater est*, *is est filius*, ou *qualis pater est*, *talis filius*; c'est comme s'il y avait, *le fils est tel que le père*; mais la phrase est renversée.

5° Quand *tel* suivi de *que* ne peut pas se tourner par le *même* ou *semblable*, on exprime *que* par *ut* avec le subjonctif.

Ex. La libéralité doit être telle qu'elle ne nuise à personne, *ea esse debet liberalitas ut nemini noceat*.

La force de la vertu est telle que nous l'aimons même dans un ennemi, *ea vis est probitatis*, *ut illam vel in hoste diligamus*.

Quand *tel* peut se tourner par *de cette sorte*, on l'exprime par *hujus modi* en bonne part, et *istius modi* en mauvaise part. *Ex.* Qui n'aimerait de tels enfans? *quis hujus modi puerulos non amet*? qui ne haïrait de telles gens? *quis istius modi homines non oderit*?

LE MÊME QUE, *IDEM QUI*, ou *AC, ATQUE*

Règle. Le même, la même, s'expriment par *idem, eadem, idem*, et *que* par *qui, quœ, quod*, que l'on met au cas du verbe suivant.

Ex. Vous n'êtes pas le même à mon égard que vous avez été autrefois, *non idem es ergà me qui fuisti olim.*

Ma mère n'est pas aujourd'hui la même que je l'ai vue autrefois, *non eadem est hodiè mater mea quam vidi olim* (sous-entendu *eam esse*)

Je me sers des mêmes livres que vous, *iisdem libris utor, quibus tu* (sous-entendu *uteris*).

REMARQUE. *Le même*, devant un nom ou pronom, s'exprime par *idem*; le même homme, *idem homo*.

Même, après un nom ou pronom, s'exprime par *ipse, ipsa, ipsum*. L'homme même, *homo ipse*; moi-même, *ego ipse*; vous-même, *tu ipse.**

2° *Ne pas même* s'exprime par *ne quidem*, que l'on sépare en mettant un mot entre *ne* et *quidem*.

Ex. Je ne l'ai pas même vu, *eum ne vidi quidem*.

3° *De même que si*, signifiant *comme si*, s'exprime par *non secus ac... perindè ac... tanquàm.*

Ex. Je l'aime de même que s'il était mon frère, *illum perindè amo ac si esset frater meus.*

4° *De même*, non suivi de *que*, se rend par *item*. Il n'en est pas de même des Romains; *non item de Romanis. Et même* s'exprime par *imò... quin etiam.*

I. AUTRE, AUTREMENT QUE... *ALIUS, ALITER QUAM... AC... ATQUE...*

Règle. Autre s'exprime par *alius, alia, aliud*, et *que* par *quàm, ac, atque.*

---

* Quand le pronom *même* se rapporte au nominatif du verbe, on met toujours le pronom au nominatif, quoiqu'en français il soit joint au régime. *Exemple*. L'avare se nuit à lui-même, *avarus sibi ipse nocet*. Mais si *même* ne se rapporte pas au nominatif, on le fait accorder avec le régime. Le temps ronge le fer même, *vetustas ferrum ipsum exedit.*

8..

Ex. Il n'est pas autre qu'il était autrefois , *non alius est quàm erat olim* : on n'exprime pas *ne* après *autre*.

Il parle autrement qu'il ne pense, *aliter loquitur ac* ou *atque sentit.* *

II. *Tout autre* , signifiant *quelqu'autre que ce soit* , s'exprime par *quivis alius* , *quilibet alius* ; tout autrement, *longè aliter* , et *que* par *ac* , *atque*.

Ex. Tout autre peuple que le peuple romain eût perdu courage , *quivis alius populus ac Romanus despondisset animum*.

Mais si *tout autre* signifie *tout différent*, il s'exprime par *longè alius*.

Ex. Vous êtes tout autre que vous n'étiez, c'est-à-dire tout différent , *longè alius es atque eras*.

III. Après *lequel des deux* (en latin *uter*) , *autre* s'exprime aussi par *uter* , *utra* , *utrum*.

Ex. Examinez lequel des deux a dressé des embûches à l'autre , *quære uter utri insidias fecerit*.

IV. *L'un... l'autre* , *les uns... les autres* , quand on parle de plus de deux , s'expriment par *alius* , *alia* , *aliud*, que l'on répète.

Ex. Les uns jouent, les autres chantent , *alii ludunt , cantant alii*.

Mais si l'on ne parle que de deux , on se sert de *alter* répété , ou de *unus* , *alter*.

Ex. L'un dit oui , l'autre dit non ; *alter* , ou *unus ait, negat alter*.

V. Quand *l'un* est répété, et *l'autre* aussi répété, on les tourne par l'adjectif *différent* , et on les traduit par *alius* , *alia* , *aliud*, de cette manière.

Ex. Les uns aiment une chose, les autres une autre , *tournez* , différentes personnes aiment différentes choses , *alii aliis rebus delectantur*.

Les uns s'en allèrent d'un côté, les autres de l'autre , *alii alio dilapsi sunt*.

---

* Au lieu de *quàm* , *ac*, on répète quelquefois *alius*, *aliter*. Il parle autrement qu'il ne pense, *aliter loquitur, aliter sentit*

VI. *Ni l'un ni l'autre* (quand le nominatif est un pronom) s'expriment par *neuter , neutra , neutrum*; *l'un l'autre* , par *uterque , utraque , utrumque* ; et ils sont ordinairement suivis de *alter, altera, alterum* , et alors on n'exprime pas *se*.

Ex. Ils ne s'aiment ni l'un ni l'autre, *neuter alterum amat.*

Ils se haïssent l'un l'autre, *uterque alterum odit.*

VII. *L'un des deux , l'un ou l'autre* , s'expriment par *alteruter , alterutra , alterutrum.*

Ex. Je vous enverrai l'un ou l'autre, *alterutrum ad te mittam.*

VIII. *L'un après l'autre* s'exprime par *singuli , singulæ , singula.*

Ex. Il se mit à les manger l'un après l'autre, *cœpit vesci singulis.*

IX. *Le premier , le second* , quand on ne parle que de deux s'expriment *le premier* par *prior* , et *le second* par *posterior* , ou par *alter* répété.

Ex. Le premier riait toujours , le second pleurait sans cesse . *prior semper ridebat , posterior indesinenter flebat.*

Mais si l'on parle de plus de deux , servez-vous de *primus , secundus.*

Celui-ci , celui-là , s'expriment , *celui-ci* par *hic , celui-là* par *ille*.

Ex. Celui-ci riait toujours ,- celui-là pleurait sans cesse,*hic semper ridebat,ille indesinenter flebat.*

X. *Celui des deux qui* s'expriment par *uter , utra , utrum.*

Ex. Celui des deux qui se dédira paiera l'amende , *uter demutaverit pecuniâ mulctabitur.*

QUEL , QUELLE SUIVIS DE QUE, *QUICUMQUE , QUANTUSCUMQUE.*

Règle. Quel , quelle que , s'expriment par *quicumque , quæcumque* , et si la chose peut se dire grande , par *quantuscumque, quantacumque...* qui renferme *que* , et veut ordinairement le subjonctif.

Ex. Quelle que soit sa mémoire, il oublie cependant bien des choses, *quantacumque sit ejus memoria, multa tamen obliviscitur.*

Qui que ce soit qui... s'exprime par *quicumque... quilibet...* et si l'on ne parle que de deux, c'est par *utercumque, utracumque.*

Ex. Qui que ce soit des deux partis qui remporte la victoire, nous périrons., *utracumque pars vicerit, tamen perituri sumus.*

QUELQUE QUE... SUIVI D'UN NOM.

I. Si c'est un nom de choses qui ne se comptent pas, on l'exprime par *quicumque... qualiscumque...* et si la chose peut se dire grande, par *quantuscumque, quantacumque,* etc.

Ex. Quelque partie que vous preniez, *quodcumque consilium capias.*

II. Si c'est un nom de choses qui se comptent, on exprime *quelque que...* par *quotcumque* ou *quantumvis multi, æ, a.*

Ex. Quelque service que vous rendiez à un ingrat, vous ne lui en rendrez jamais assez, *quotcumque apud ingratum officia posueris, nunquàm satis multa contuleris.*

QUELQUE QUE... SUIVI D'UN ADJECTIF.

Si entre *quelque...* et *que,* il y a un adjectif ou un adverbe ou un participe, on l'exprime par *quantùmvis,* et si c'est le participe d'un verbe de prix, par *quanticumque.*

Ex. Quelque savant qu'il soit, il ignore cependant bien des choses, *quantùmvis sit doctus, multa tamen ignorat.*

Quelque estimable que soit la science... *quanticumque æstimanda sit doctrina.*

Quelque grand que... s'exprime par *quantuscumque, quantacumque... quelque petit que,* par *quantuluscumque, quantulacumque.*

PRONOMS FRANÇAIS QUI NE S'EXPRIMENT PAS EN LATIN.

I. Je crois qu'il faut, *tournez*, je crois falloir.

Règle. Il devant un impersonnel ne s'exprime pas, excepté devant *pœnitet, piget, pudet, tædet, miseret.*

Ex. Je crois qu'il faut, *credo oportere.*

Vous savez qu'il est honteux de mentir, *scis mentiri turpe esse.*

II. Quand *celui, celle* ou *ceux,* suivis d'un génitif, sont employés pour un nom précédent, on ne se sert pas de *ille, illa, illud*; mais on répète le nom qui précède.

Ex. Les qualités de l'âme sont bien préférables à celles du corps, *animi dotes corporis dotibus longè præstant*

La vie des hommes est plus courte que celle des corneilles, *brevior est vita hominum quàm cornicum vita.* (On peut ne pas répéter le nom quand il doit être mis au même cas, et dire, *brevior est hominum quàm cornicum vita.*)

III. Dans les phrases suivantes, *c'est ainsi que, est-ce ainsi que...* on n'exprime ni *c'est* ni *que.*

C'est ainsi qu'il parla, *tournez,* il parla ainsi, *sic locutus est.*

Est-ce ainsi que vous défendez vos amis ? *tournez,* défendez-vous ainsi... *Siccine tuos amicos defendis ?*

C'est vous-mêmes que je cherche, *te ipsum quæro.*

IV. *Ce n'est pas que* se rend en latin par *non quòd ; mais c'est que,* par *sed quòd.*

Ex. Ce n'est pas que j'approuve, mais c'est que... *non quòd approbem, sed quòd ..*

S'il suit un comparatif, rendez *ce n'est pas que* par *non quò... sed quò...* Ce n'est pas que l'un me soit plus cher que l'autre. *non quò mihi sit alter altero carior.*

S'il suit une négation, par *non quin...* Ce n'est pas que je ne pense, *non quin existimem.*

V. *Ce n'est pas à dire pour cela que...* est-ce à *dire pour cela que*, se rendent par *non continuò... non ideò... an continuò... an ideò.*

Ex. Quoique j'ai salué des méchans, ce n'est pas à dire pour cela que je sois méchant, *quamvis improbos salutaverim, non continuò sum improbus.*

VI. *Ce qui, ce que*, suivis de *c'est* et d'un nom, ne s'expriment pas en latin.

Ex. Ce qui me chagrine le plus, c'est la mauvaise santé de mon père, *tournez* la mauvaise santé de mon père me chagrine le plus, *valetudo patris me potissimùm sollicitat.*

Ce qui, ce que, s'expriment par *illud* quand ils sont suivis de *c'est que.*

Ex. Ce que j'espère, c'est que je vivrai éternellement, *illud spero me futurum immortalem.* (Après *espérer* on retranche *que.*)

Ce que je crains, c'est que... *illud vereor ne.* (Après *craindre*, le *que* s'exprime par *ne.*)

Ce dont je doute, c'est que... *illud dubito an.* (Après *douter*, le *que* s'exprime par *an.*)

Ce qui me console, c'est que... *illud me consolatur quòd.*

VII. *C'est*, devant un infinitif suivi de *que de*, se tourne par *celui qui.*

Ex. C'est se tromper que de croire, *tournez*, celui qui croit se trompe, *errat, qui putat.*

CHAPITRE III.

DES PARTICIPES.

PARTICIPES FRANÇAIS QUI MANQUENT EN LATIN.

I. Le verbe latin *sum* n'a ni le participe du présent *étant*, ni le participe du passé *ayant été*; on se sert des conjonctions *lorsque, après que, puis que, quùm, postquàm.*

Ex. Cicéron étant consul, la conjuration fut découverte, *tournez*, lorsque Cicéron était consul, la conjuration fut découverte, *quùm Cicero esset consul, detecta fuit conjuratio.*

Cicéron ayant été consul, fut néanmoins envoyé en exil, *tournez*, après que Cicéron eut été consul... *Cicero postquàm fuisset consul, tamen in exilium actus est.*

II. Le participe passé actif, comme *ayant aimé*, manque en latin (excepté dans quelques verbes déponens) ; on le tourne par *lorsque, puisque.*

Ex. Un rat ayant rencontré un éléphant, *mus elephanto quùm fuisset obvius.*

III. Le participe passé du passif manque en latin quand le verbe est neutre, et souvent, quand il est déponent. Alors on tourne par l'actif, et l'on se sert des conjonctions *quùm, postquàm.*

Ex. Étant favorisé de Dieu, il vint à bout de son entreprise, *quùm Deus ei favisset, consilium perfecit suum.*

Ayant été poursuivi des voleurs, il s'échappa, *quùm latrones eum persecuti essent, evasit.*

PARTICIPES FRANÇAIS QUI S'EXPRIMENT EN LATIN
PAR UNE PRÉPOSITION ET UN NOM.

Ayant autant de prudence, *tournez*, eu égard à votre prudence.

Règle. Ayant autant de... avec un nom, *étant aussi*, avec un adjectif, se tournent en latin par *eu égard à... pro* avec l'ablatif du nom.

Ex. Ayant autant de prudence que vous en avez, étant aussi prudent que vous l'êtes, *pro tuâ prudentiâ.*

REMARQUE. On peut encore tourner : *Quelle est votre prudence ?* et dire : *Quæ tua est prudentia ?*

* On peut aussi mettre les deux noms à l'ablatif, et dire : *Cicerone consule, detecta fuit conjuratio.* (On sous-entend *sub.*)

CHAPITRE IV.

DES ADVERBES.

I. *QUE* ADVERBE.

Que tardez-vous ? *tournez* pourquoi tardez-vous ?

Le *que* interrogatif adverbe se tourne par *pour-quoi* ; et s'exprime par *quid* ou *cur* ; mais s'il est suivi d'une négation, on tourne par *pour quoi ne*, et on l'exprime par *quin* ou *cur non*.

Ex. Que tardez-vous ? *quid* ou *cur mŏraris ?*

Que n'accourez-vous ici ? *quin* ou *cur non hùc advolas ?*

Si le *que* interrogatif peut se tourner par *combien*, on l'exprime, avec un verbe de prix, par *quanti*.

Ex. Que vous a coûté cette maison ? *tournez*, combien vous a coûté... *auanti tibi constitit hœc domus?*

II. *QUE* DE DÉSIR.

Que ne puis-je ! que je voudrais ! *utinàm* !

Le *que* de désir se connaît lorsqu'on peut le tourner par *plaise à Dieu que...* et se rend en latin par *utinàm*, avec le subjonctif, sans exprimer *ne*.

Ex. Que ne puis-je vous entretenir ! *utinàm tecum loqui possim* !

III. *NE QUE* SIGNIFIANT SEULEMENT
SOLUMMODO

Ne que signifiant *seulement*, se rend en latin par *solummodò*, ou par *solus, sola, solum*, que l'on fait accorder avec le nom qui suit.

Ex. La louange n'est due qu'à la vertu, c'est-à-dire est due seulement... *laus virtuti solummodò debetur* ; ou bien, est due à la seule vertu, *laus soli virtuti debetur.*

Si *ne que* signifie *rien autre chose que*, on exprime *rien autre chose* par *nihil aliud*, et *que* par *nisi* ou *quàm*.

Ex. Il n'a pris que sa robe, c'est-à-dire rien autre chose que... *nihil aliud nisi togam sumpsit*

IV. *QUE* ENTRE DEUX NÉGATIONS.

Si *que* entre deux négations est relatif, c'est-à-dire, s'il est précédé d'un nom auquel il se rapporte, on l'exprime par *qui, quæ, quod*, et on le met au cas du verbe.

Ex. Le sage n'assure rien qu'il ne prouve, *sapiens nihil affirmat quod non probet*.

Mais s'il est adverbe, on l'exprime par *quin*, *nisi*, ou *priusquàm*, avec le subjonctif.

Ex. Je ne partirai pas d'ici que je ne vous aie vu ; *non hinc proficiscar quin*, ou *nisi*, ou *priusquàm te viderim*.

V. *QUE* D'ADMIRATION.

Le *que* d'admiration se connaît quand il peut se tourner par *combien*, et il s'exprime de même que *combien*.

REMARQUE. Lorsque le *que* d'admiration ou l'adverbe *combien* est joint au mot *grand*, on l'exprime par *quantus, quanta, quantum*.

Ex. Que ma joie serait grande : *quanta esset mea lœtitia !*

Lorsqu'il est joint au mot *petit*, on l'exprime par *quantulus, quantula, quantulum*. Que cette classe est petite ! *quantula hœc est schola !*

ADVERBES DE QUANTITÉ.

Les adverbes de quantité s'expriment de différentes manières en latin, selon les différens mots auxquels ils sont joints.

I. QUE OU COMBIEN D'EAU, *QUANTUM AQUÆ*.

Devant un nom de choses qui ne se comptent pas.

* Après un *que* d'admiration, la négation française ne s'exprime pas en latin. *Ex.* Que de malheurs n'a-t-il pas essuyés! *Quot et quantas calamitates hausit !*

ON EXPRIME :

Que *ou* combien ,		Quantùm ,	
Peu ,		Parùm ,	
Beaucoup ,		Multùm ,	
Moins ,	PAR	Minùs ,	Avec &c.
Plus ,		Plùs ,	
Autant , tant ,		Tantùm ,	
Assez ,		Satis ,	
Trop ,		Nimis , nimiùm ,	

EXEMPLES :

Que *ou* combien d'eau ,	Quantùm aquœ.
Peu d'eau * ,	Parùm aquœ.
Beaucoup d'eau ,	Multùm aquœ.
Moins d'eau ,	Minùs aquœ.
Plus d'eau ,	Plùs aquœ.
Tant , autant d'eau ,	Tantùm aquœ.
Assez d'eau ,	Satis aquœ.
Trop d'eau ,	Nimis , nimiùm aquœ.

REMARQUE. Quand la chose qui ne se compte pas peut se dire grande ,

ON EXPRIME :

Que *ou* combien ,		Quantus , a , um.
Peu ,		Parvus , a , um.
Beaucoup ,		Magnus , a , um.
Moins ,	PAR	Minor , us.
Plus ,		Major , us.
Autant , tant ,		Tantus , a , um.
Assez ,		Satis magnus , a , um.
Trop ,		Nimius , a , um ; Nimis magnus, a , um.

L'on fait accorder ces adjectifs avec le nom ,

EXEMPLES :

Que *ou* combien de science ,	Quanta doctrina.
Peu de science ,	Parva doctrina.
Beaucoup de science ,	Magna doctrina.
Moins de science ,	Minor doctrina.
Plus de science ,	Major doctrina.
Autant , tant de science ,	Tanta doctrina.
Assez de science ,	Satis magna doctrina.
Trop de science ,	Nimia ou nimis magna doctrina

* *Un peu, quelque peu*, devant un nom, s'expriment par *tantillùm*, *aliquantulùm*, avec le génitif. *Un peu d'eau*, *tantillùm aquœ*.

Un peu, devant un adjectif, ou un adverbe, ou un verbe, s'exprime par *leviter*. *Un peu blessé*, *leviter vulneratus*. Il se fàche un peu , *leviter irascitur*.

II. Devant un nom pluriel de choses qui se comptent,

ON EXPRIME :

Que *ou* combien *,		*Quot* ou *quàm multi*, *œ*, *a.*
Peu ,		*Pauci*, *cœ*, *a.*
Beaucoup		*Multi*, *œ*, *a.*
Moins ,	PAR	*Pauciores*, *ra.*
Plus ,		*Plures*, *ra.*
Autant , tant ,		*Tot* ou *tàm multi*, *œ*, *a.*
Assez ,		*Satis multi*, *œ*, *a.*
Trop ,		*Nimis multi*, *œ*, *a.*

L'on fait accorder ces adjectifs avec le nom pluriel qui suit,

EXEMPLES *

Que *ou* combien de livres,	*Quot* ou *quàm multi libri.*
Peu de livres ,	*Pauci libri.*
Beaucoup de livres ,	*Multi libri.*
Moins de livres ,	*Pauciores libri.*
Plus de livres ,	*Plures libri.*
Autant, tant de livres ;	*Tot libri.*
Assez de livres ,	*Satis multi libri.*
Trop de livres ,	*Nimis multi libri.*

REMARQUE. Quand l'adverbe *combien* signifie *combien de personnes*, on l'exprime toujours par *quàm multi*. Vous voyez combien nous sommes ici, *vides quàm multi hic adsimus*, et non pas , *quot adsimus*. (*Quot* et *tot* ne s'emploient que devant un nom exprimé.)

III. Devant un adjectif ou un adverbe ,

ON EXPRIME :

Que *ou* combien ,		*Quàm* ou *ut.*
Peu ,		*Parùm.*
Beaucoup, bien, fort ,		*Multùm* , *valdè.*
Moins ,	PAR	*Minùs.*
Plus ;		*Magis* ou un comparatif.
Tant , aussi , si ,		*Tàm.*
Assez , }**		*Satis.*
Trop , }		*Nimis.*

* *Combien*, signifiant *combien peu*, s'exprime par *quotusquisque*, *quotaquœque*. Combien y en a-t-il qui soient éloquen *quotusquisque est disertus* ?

** Voyez *assez*, *trop*, suivis de *pour*.

Que *ou* combien il est modeste! *Quàm* ou *ut modestus est!*
Peu modeste,   *Parùm modestus.*
Bien modeste ,   *Multùm modestus* ou *modestis-*
                                 simus.
Moins modeste ,   *Minùs modestus.*
Plus modeste ,   *Magis modestus* , ou *modestior.*
Aussi , si modeste ,   *Tàm modestus.*
Assez modeste ,   *Satis modestus.*
Trop modeste ,   *Nimis modestus* , ou *modestior.*

REMARQUE. *Si grand, aussi grand,* s'expriment par *tantus, a,
um ; si petit, aussi petit ,* par *tantulus, a , um.*

IV. Devant un comparatif ou un verbe d'excel-
lence , comme *excello , prœsto , supero , malo.*

Que *ou* combien ,   *Quantò.*
Un peu ,   PAR   *Paulò.*
Bien , beaucoup ,   *Multò* ou *longè.*
Autant , tant,   *Tantò.*

Ex. Qu'il est *ou* combien est-il plus savant !
quantò doctior est ! un peu plus savant , *paulò
doctior,* bien *ou* beaucoup plus savant , *multò
doctior.*

Vous l'emportez autant sur les autres : *tantò
prœstas aliis.*

REMARQUE. *Combien, un peu, beaucoup, autant,* devant les
adverbes *antè* et *post,* s'expriment de même : combien auparavant, *quantò antè ;* un peu auparavant, *paulò antè ;* beaucoup
auparavant, *multò antè.*

V. Devant un verbe ordinaire

Que *ou* combien   *Quàm , quantùm , ut.*
Peu ,   *Parùm.*
Beaucoup ,   *Multùm , valdè , plurimùm.*
Moins ,   PAR   *Minùs.*
Plus ,   *Magis , plùs , ampliùs*
Autant , aussi , si ,   *Tantùm , tàm.*
Assez ,   *Satis.*
Trop ,   *Nimis , nimiò plus , plus œquo.*

Ex. Qu'il *ou* combien il est aimé ! *quàm , quan-
tum amatur !*

Il est peu aimé,	Parùm amatur.
Il est beaucoup aimé,	Multùm valdè amatur.
Il est moins aimé,	Minùs amatur.
Il est plus aimé,	Plus, magis amatur.
Il est aussi, autant aimé,	Tantùm, tàm amatur.
Il est assez aimé,	Satis amatur.
Il est trop aimé,	Nimis, nimiò plùs amatur.

REMARQUE. *Plus, moins, trop*, avec *refert*, *interest* s'expriment par *magis*, *minùs*. Il vous importe plus, *tuâ magis interest*; il m'importe moins, *meâ minùs interest.*

VI. Devant un verbe de prix ou d'estime,

ON EXPRIME :

Que *ou* combien,	Quanti.
Peu,	Parvi.
Beaucoup,	Magni.
Moins,	Minoris·
Plus,	Pluris.
Tant, autant, aussi, si,	Tanti.
Assez,	Satis magni.
Trop,	Nimiò pluris.

(colonne médiane : **PAR**)

Ex. Qu'il *ou* combien il est estimé *quanti æstimatur* !

Il est peu estimé,	Parvi æstimatur.
Il est fort estimé,	Magni æstimatur.
Il est moins estimé,	Minoris æstimatur.
Il est plus estimé,	Pluris æstimatur.
Il est tant, autant, aussi, si estimé.	Tanti æstimatur.
Il est assez estimé,	Satis magni æstimatur.
Il est trop estimé,	Nimiò pluris æstimatur.

Iʳᵉ REMARQUE. *Combien, peu, beaucoup, autant, assez,* devant les verbes *refert*, *interest*, s'expriment par *quanti, parvi, magni, tanti, satis magni.* Il m'importe beaucoup, *meâ magni refert.*

IIᵉ REMARQUE. *Plus* devant *odisse* et *fugere*, se rend par *pejùs*, Je le haïssait plus, *eum pejùs oderam.*

I. QUE APRÈS PLUS, MOINS... QUAM.

Règle. De quelque manière qu'on exprime *plus, moins*, le *que* suivant se rend toujours par *quàm.*

EXEMPLE :

Plus
Moins } de courage que de prudence.

Plùs
Minùs } *fortitudinis quàm prudentiæ.*

Plus } Moins }	de villes que de bourgs.
Plûres } Pauciores }	*urbes quàm vici.*
Il est }	plus } moins }	estimé que son frère.
Pluris } Minoris }	*œstimatur quàm frater.*

II. *QUE* APRÈS AUTANT, AUSSI.

1° S'il est devant un nom de choses qui ne se comptent pas, on l'exprime par *quantùm* avec le génitif.

Ex. Autant de modestie que de science, *tantùm modestiæ quantùm doctrinæ.* On dit aussi, *tanta modestia quanta doctrina.*

2° Devant un nom de choses qui se comptent, on l'exprime par *quot.*

Ex. Autant de fruits que de fleurs, *tot fructus quot flores.*

3° Devant un adjectif ou un adverbe, par *quàm.*

Ex. Il est aussi prudent que brave, *tàm prudens est quàm fortis.*

4° Devant un verbe ordinaire, par *quantùm.*

Ex. Je vous aime autant que vous m'aimez, *tantùm te amo quantùm me amas.*

5° Devant un verbe de prix ou d'estime, par *quanti.*

Ex. Je vous estime autant que vous m'estimez, *tanti te facio quanti me facis.*

REMARQUE. Après *autant, aussi, que* suivi de *peu* s'exprime par *quàm,* et alors *autant* s'exprime par *tàm magni.* Ex. Il vous importe autant qu'il m'importe peu, *tuâ tàm magni refert quàm parvi meâ.*

III. *AUTANT QUE*, AU COMMENCEMENT D'UNE PHRASE, S'EXPRIME PAR *QUANTUM.*

Ex. Autant que je puis prévoir, *quantùm prospicere possum.*

IV. *AUTANT*, *AUSSI*, A LA FIN D'UNE PHRASE,

S'EXPRIMENT PAR LES ADVERBES SUIVANTS.

S'ils se rapportent

à un nom de choses qui ne se comptent pas,	*Tantùmdem*
à un nom de choses qui se comptent,	*Totidem.*
à un adjectif,	*Item.*
à un verbe ordinaire,	*Tantùmdem.*
à un verbe de prix,	*Tantidem.*

Ex. Vous avez beaucoup de loisir, je n'en ai pas autant, *habes multùm otii, non habeo tantumdem.*

J'ai beaucoup de livres, vous n'en avez pas autant, *sunt mihi libri benè multi, non sunt tibi totidem*, etc.

V. APRÈS *AUSSI*, *AUTANT*, *PLUS*, ON EXPRIME DE CETTE MANIÈRE :

Qu'homme du monde,		*Quàm qui maximè.*
Que qui que ce soit,		
Que chose du monde,	PAR	*Quàm quod maximè.*
Que quoi que ce soit,		
Que jamais,		*Quàm quàm maximè.*
Qu'en aucun lieu du monde,		*Quàm ubi max. mè.*

Avec un verbe de prix ou d'estime, mettez *quanti* au lieu de *quàm*, et *plurimi* au lieu de *maximè*.

Ex. Il est aussi prudent qu'homme du monde, *tournez*, que celui qui l'est le plus, *tàm prudens est quàm qui maximè.*

Il est autant estimé que qui que ce soit, *tanti fit quanti qui plurimi.*

Cela m'est aussi agréable que quoi que ce soit, *tournez*, que ce qui me l'est le plus, *id mihi tàm gratum est quàm quod maximè.*

Il est aussi paresseux que jamais, *tournez*, que lorsqu'il l'est le plus, *tàm piger est quàm quàm maximè*,

La vieillesse était aussi honorée à Lacédémone qu'en aucun lieu du monde, *senectus tantùm honorabatur Lacedemone, quàm ubi maximè.*

VI. *AUTANT* répété.

Quand *autant* est répété, le premier tient lieu de *que*, et s'exprime de même par *quantùm*, *quot*, *quanti*, etc.; le second par *tantùm*, *tot*, *tanti*, selon les mots auxquels il est joint.

Ex. Autant ce jeune homme avait de science, autant il avait de modestie, *quantùm doctrinæ in eo adolescente tantùm modestiæ inerat.* C'est comme s'il y avait *ce jeune homme avait autant de modestie que de science*; mais la phrase est renversée

Autant d'hommes, autant de sentimens, *quot homines, tot sententiæ.*

Autant la politesse plaît, autant la grossièreté déplaît, *quàm delectat urbanitas, tàm offendit rusticitas.*

I. *D'autant*, DEVANT PLUS, MOINS QUE... EÒ, QUÒ ou QUÒD.

Règle. 1° *D'autant*, devant *plus*, *moins*, s'exprime par *eò* ou *tantò.* 2° *Plus*, *moins*, s'expriment ensuite selon les mots auxquels ils se rapportent. 3° *Que* s'exprime par *quò* ou *quantò*, s'il est suivi d'un comparatif * auquel il se rapporte.

Ex. Il est d'autant plus modeste qu'il est plus savant, *tournez*, il est plus modeste, par cela qu'il est plus savant, *eò modestior est, quò doctior.*

Il est d'autant moins estimé qu'il est plus orgueilleux, *eò minoris fit quò superbior est.*

II. *Que*, après *d'autant plus*, s'exprime par *quòd* s'il n'est pas suivi d'un comparatif.

Ex. Cela a paru d'autant plus surprenant, qu'on ne s'y attendait pas, *id eò mirabilius visum est, quòd, à nemine exspectabatur.*

REMARQUE. *A proportion que* se tourne par *d'autant plus*, et s'exprime de même.

Ex. Il est plus modeste à proportion qu'il est

* Cette règle a lieu, même quand *d'autant plus* est suivi de deux *que.* Ex. *Tibi eò plus debebo quò tua in me humanitas fuerit excelsior, quàm in te mea.* Cic. ad Attic. lib. 2. epist. 20.

plus savant, *eò modestior est quò doctior* : *c'est-à-dire* il est d'autant plus modeste qu'il est plus savant.

DEVANT *PLUS* ou *MOINS* RÉPÉTÉS... QUÒ, EÒ.

I. *Plus*, *moins*, répétés, sont la même chose que *d'autant plus*, *d'autant moins*, mais la phrase est renversée, ainsi l'on met *quò* devant le premier *plus* ou *moins*, *eò* devant le second, en exprimant toujours *plus* et *moins*, selon les mots auxquels ils se rapportent.

Ex. Plus il est savant, plus il est modeste, *quò doctior*, *eò modestior est*.

II. *Plus on*, *plus une personne*, se tournent par *plus quelqu'un*, *quò quis*, avec un comparatif; *plus une chose* se tourne par *plus quelque chose*, *quò quid* (*pour quò aliquis*, *aliquid*; *après quò on retranche ali*).

Ex. Plus on est vicieux, plus on est malheureux, *tournez*, plus quelqu'un est vicieux... *quò quis vitiosior*, *eò miserior est.**

Tout le monde convient que plus une chose est difficile, plus il faut y apporter de soin, *fatentur omnes*, *quò quid difficilius est*, *eò majorem ad id adhibendam esse curam*. (Lorsqu'il y a un *que* retranché devant le premier *plus* ou *moins*, ce *que* retombe sur le second *plus* ou *moins*.)

LE PLUS, LE MOINS.

I. DEVANT UN ADJECTIF.

Le plus s'exprime par un superlatif ou par *maximè* avec le positif.

Le moins s'exprime par *minimè* avec le positif.

EXEMPLE :

Le plus savant de tous, *omnium doctissimus*, ou *maximè doctus*.

EXEMPLE :

Le moins savant de tous, *omnium minimè doctus*.

* Le premier *plus on* peut encore s'exprimer par *ut quisque* avec un superlatif, et le second par *ità* avec un superlatif encore. Ex. Plus on est vicieux, plus on est malheureux, *ut quisque vitiosissimus*, *ità miserrimus est.*

9

Servez-vous aussi de *maximè*, *minimè*, avec un verbe ordinaire.

II. DEVANT UN VERBE DE PRIX, D'ESTIME.

Le plus s'exprime par *maximi*, *plurimi*.

Le moins s'exprime par *minimi*.

EXEMPLE :

L'enfant que j'estime le plus, *puer quem plurimi omnium facio*.

EXEMPLE :

L'enfant que j'estime le moins, *puer quem minimi omnium facio*.

III. DEVANT UN ADJECTIF OU UN ADVERBE SUIVI D'UN *que* ADVERBE.

Le plus s'exprime par le superlatif, devant lequel on met *quàm*.

Le moins s'exprime par *quàm minimè* avec le positif.

EXEMPLE :

Soyez le plus indulgent que vous pourrez, *esto quàm facillimus*.

EXEMPLE :

Soyez le moins indulgent que vous pourrez, *esto quàm minimè facilis*.

IV. DEVANT UN NOM SINGULIER SUIVI D'UN *que* ADVERBE.

Le plus s'exprime par *quàm plurimùm* avec le génitif ou par *quàm plurimus*, *a*, *um*, que l'on fait accorder avec le nom.

Le moins s'exprime par *quàm minimùm* avec le génitif, ou par *quàm minimus a*, *um*, que l'on fait accorder avec le nom.

EXEMPLE :

Il a employé le plus de diligence qu'il a pu, *adhibuit quàm plurimùm potuit diligentiæ*, ou *quàm plurimam potuit diligentiam*.

EXEMPLE :

Il a employé le moins de diligence qu'il a pu, *adhibuit quàm minimum potuit diligentiæ*, ou *quàm minimam potuit diligentiam*.

V. DEVANT UN NOM PLURIEL DE CHOSES QUI SE COMPTENT, SUIVI D'UN *que* ADVERBE.

Le plus s'exprime par *quàm plurimi*, *mœ*, *ma*, que l'on fait accorder avec le nom.

Le moins s'exprime par *quàm paucissimi*, *mœ*, *ma*, que l'on fait accorder avec le nom.

EXEMPLE :

Il a lu le plus de livres qu'il a pu, *quàm plurimos potuit libros legit*.

EXEMPLE :

Il a lu le moins de livres qu'il a pu, *quàm paucissimos potuit libros legit*.

VI. DEVANT UN ADJECTIF SUIVI D'UN *qui* OU *que* RELATIF.

Le plus s'exprime par le superlatif, *qui* ou *que* par *qui*, *quœ*, *quod*, avec le subjonctif.

Le moins s'exprime par *minimè* avec le positif; *qui*, ou *que*, par *qui*, *quœ*, *quod*, avec subjonctif.

EXEMPLE :

Il est le plus savant que je connaisse, c'est-à-dire le plus savant de tous ceux que je connaisse, *est omnium quos noverim doctissimus*.

EXEMPLE :

Il est le moins savant que je connaisse, c'est-à-dire de tous ceux que je connaisse, *est omnium quos noverim minimè doctus*.

TANT QUE.

I. RÈGLE. Si *tant que* est précédé d'une négation, on le tourne ordinairement par *autant que*, et on l'exprime de même.

Ex. Il n'a pas tant de science que de présomption *c'est-à-dire* autant de science que de présomption : *non in eo inest tantùm doctrinæ quantùm arrogantiæ*.

Il n'y a pas tant de fruits que de fleurs, *non sunt tot fructus quot flores*.

Tant, devant un comparatif, se rend par *tantò*. Tant pis, *tantò pejùs* ; tant mieux, *tantò meliùs*.

II. *Deuxième Règle*. Si *tant* ne peut pas se tourner par *autant** , le *que* suivant s'exprime toujours par *ut* avec le subjonctif.

Ex. Il a reçu tant de coups qu'il en est mort, *tot plagas accepit, ut mortuus sit*.

J'estime tant la vertu, que je la préfère à tous les trésors, *tanti facio virtutem, ut eam thesauris omnibus anteponam*.

III. *Tant que*, signifiant *tandis que*, tant de temps que, s'exprime par *dùm, donec, quandiù*.

Ex. Tant que vous serez heureux, vous compterez beaucoup d'amis, *donec eris felix, multos amicos numerabis*.

Tant qu'il a vécu, *quandiù vixit*.

IV. *Tant... que*, signifiant *non-seulement... mais encore*, s'exprime par *tùm* répété, ou par *cùm, tùm*.

Ex. Les philosophes tant anciens que modernes ; *philosophi tùm veteres tùm recentiores ; ou cùm cteres, tùm recenciores*.

*C'est-à-dire, s'il n'y a pas de comparaison.

V. *Non pas tant pour... que pour...* s'exprime par *non tàm ut... quàm ut ..* avec le subjonctif.

Ex. Je vous écris, non pas tant pour vous louer que pour vous féliciter, *ad te scribo, nontàm ut te laudem, quàm ut tibi gratuler.*

VI. *Tant... tant il est vrai...* se rend en latin par *adeò* devant un adjectif ou un verbe ordinaire ; par *tanti*, devant un verbe de prix ; *tantò*, devant un comparatif.

Ex. Tant est rare une amitié fidèle, *adeò rara est fidelis amicitia.*

Tant la sagesse l'emporte sur les richesses, *tantò præstat divitiis sapientia.*

SI ADVERBE.

I. Quand *si... que...* peut se tourner par *aussi... que,* on l'exprime de même. (Voyez *que* après *aussi*, page 190.

II. Quand *si* ne peut pas se tourner par *aussi*, on l'exprime par *tàm, adeò, ità,* devant un adjectif, un adverbe et un verbe ordinaire ; par *tanti,* devant un verbe de prix ou d'estime ; et le *que* s'exprime toujours par *ut.*

Ex. Dieu est si bon, qu'il aime les hommes, *Deus est tàm bonus, ut amet homines.*

Il fut si frappé de cette nouvelle, qu'il en mourut, *eo nuntio ità perculsus est, ut mortuus sit.*

Il est si estimé que... *tanti fit, ut...*

III. *Si grand* s'exprime par *tantus, ta, tum, si petit*, par *tantulus, la, lum* ; et quand *si* ne peut pas se tourner par aussi, le *que* suivant se rend par *ut* avec le subjonctif.

Ex. La bonté de Dieu est si grande, qu'il nous aime, *tanta est Dei bonitas, ut nos amet.*

Cette étoile est si petite, qu'on ne peut la voir, *stella hæc tantula est, ut perspici non queat.*

Mais quand *si grand* peut se tourner par *aussi grand*, on exprime *que* par *quantus, ta. tum. et* quand *si petit* peut se tourner par *aussi petit*, on exprime *que* par *quantulus, la, lum.*

Ex. La terre n'est pas si grande que le soleil, *tournez*, n'est pas aussi grande... *non tanta est terra quantus sol.*

Cette classe n'est pas si petite que la nôtre c'est-à-dire aussi petite... *hæc schola non tantula est quantula est nostra.*

ASSEZ... POUR... EN LATIN, *TANT* OU *SI... QUE.*

Ire *Règle.* Quand *assez* est suivi de *pour*, on tourne *assez* par *tant* ou *si*, qu'on exprime selon les mots auxquels il se rapporte ; *pour* se tourne par *que* et s'exprime par *ut* avec le subjonctif.

Ex. Avez-vous assez de loisir pour lire même des fables? *tournez*, avez vous tant de loisir que vous lisiez... *est-ne tibi tantùm otii, ut etiam fabulas legas?*

Je ne suis pas assez insolent pour me croire roi, *tournez*, si insolent, que je me croie... *non sum tàm insolens, ut regem me esse putem.* *

Il n'est pas assez estimé pour que je me fie à lui, *tournez*, si estimé que je me fie... *non tanti fit, ut ei confidam.*

II. *Assez peu* suivi de *pour*... se tourne par *si peu que*... et s'exprime *assez* par *tàm, peu*, selon le mot auquel il se rapporte, et *pour* par *ut*.

Ex. J'ai assez peu d'ambition pour mépriser les honneurs, *tournez*, j'ai si peu d'ambition que je méprise... *inest in me tàm parum ambitionis, ut honores despiciam.*

I. *TROP... POUR...* EN LATIN, *PLUS QUE* (IL NE FAUT) *POUR...*

Règle. Quand *trop* est suivi de *pour*, on tourne *trop* par *plus*, qu'on exprime selon les mots aux-

* Au lieu de *ut* on peut se servir de *qui, quæ, quod*, comme après mériter... *non sum tàm insolens, qui regem esse me putem.*

quels il se rapporte, et *pour* s'exprime par *quàm ut* avec le subjonctif.

Ex. Il a avalé trop de poison pour recouvrer la santé, *plus veneni hausit, quàm ut sanitati resti- tuatur.* On peut dire aussi, *quàm qui sanitati res- tituatur.*

Il a commis trop de crimes pour que les juges aient pitié de lui, *plura admisit scelera, quàm ut illius judices misereat.*

Je suis trop élevé pour que la fortune puisse me nuire, *major sum quàm ut fortuna mihi nocere possit (ou quàm cui.)*

Je vous estime trop pour vous blâmer, *pluris te facio quam ut te vituperem.*

II. *Ne pas assez pour,* } en latin *moins que*
Trop peu...   pour } (il ne faut) *pour.*

Règle. Trop peu se tourne par *moins,* et s'ex- prime de même, *pour* s'exprime par *quàm ut.*

Ex. Il a trop peu d'esprit pour conduire cette affaire, *tournez,* il a moins d'esprit que... *minus habet ingenii, quàm ut rem hanc gerat.*

Il avait trop peu de soldats pour vaincre, *pau- ciores habebat milites, quàm ut vinceret.*

Il était trop peu estimé pour... *minoris æstima- batur, quàm ut.*

ADVERBES DE TEMPS.

A PEINE... QUE... *Vix... quàm...* AUSSITÔT... QUE... *statim ut...*

I. *A peine* s'exprime par *vix,* et le *que* suivant par *quàm* avec l'indicatif.

Ex. A peine fut-il arrivé, qu'il tomba malade, *vix advenit, quàm in morbum incidit.*

Aussitôt que s'exprime par *statim ut; ne pas plutôt que* est la même chose.

Ex. Aussitôt qu'il fut arrivé, il tomba malade, *statim ut advenit, in morbum incidit.*

II. *Plus tôt*, signifiant *de meilleure heure*, s'exprime par *maturiùs*; s'il signifie *plus vite*, par *ciliùs*, *maturiùs*.

Ex. Il s'est levé plus tôt qu'à l'ordinaire, *maturiùs solito surrexit*.

Il est arrivé plus tôt qu'on ne pensait, *ciliùs venit quàm putabant.*

III. Quand *plutôt* marque la préférence d'une chose sur une autre, on l'exprime par *potiùs*, et *que de* par *quàm* avec le subjonctif. Ex. Combattez plutôt que de devenir esclave, *depugna potiùs quàm servias.*

Après les adverbes et les noms de temps, on exprime *que* par *quùm* (ou *ex quo* quand il se peut tourner par *depuis que.*)

Ex. Présentement que... *nunc quùm.*

Hier que... *Heri quùm.*

La dernière fois que je vous vis., *proximè quùm te vidi.*

Un jour que j'étais avec vous, *quâdam die quùm tecum essem.*

Il y a long-temps que je vous attends, *diù est quùm te expecto.* (*Il y a*, *il y avait* se tournent par le verbe *être*).

Du temps que Rome florissait, *tùm quùm Roma floreret.*

Un jour viendra que... *veniet* ou *erit tempus quùm.*

Il y a des temps que... *incidunt sæpè tempora quùm.*

Il y a deux ans qu'il est mort, *duo anni effluxêre ex quo mortuus est*, (sous-entendu *tempore* et non pas *ex quibus.*)

CHAPITRE V.

PRÉPOSITIONS FRANÇAISES.

I. PRÉPOSITION *DE.*

De au commencement d'une phrase s'exprime par *é* ou *ex* avec l'ablatif.

Ex. De tous les vices, il n'en est pas de plus grand que l'orgueil, *ex omnibus vitiis, nullum est majus superbia.*

II. *De*, entre un nom et le présent de l'infinitif actif, veut le gérondif en *di*.

Ex. Le temps de prier, *tempus orandi.*

De entre un nom et l'infinitif passif, ou tout autre verbe qui n'a point de gérondif, s'exprime par différentes conjonctions, selon le verbe d'où le nom est dérivé.

Ex. Il tremblait de crainte d'être surpris, *contremiscebat ne deprehenderetur.* (Après *craindre*, *de* s'exprime par *ne.*)

Il a une grande joie d'être le premier, *summâ perfunditur lætitiâ quòd primas partes teneat.* (Après *se réjouir*, *de* s'exprime par *quòd.*)

III. Quand *de*, suivi d'un infinitif, peut se tourner par *si*, on l'exprime en latin par *si*.

Ex. Vous me ferez plaisir de lui écrire, *tournez,* si vous lui écrivez, *pergratum mihi feceris, si ad eum scripseris.*

IV. Quand *de*, suivi d'un infinitif, peut se tourner par *moi qui*, *vous qui...* on l'exprime par *qui*, *quæ*, *quod*, avec le subjonctif.

Ex. Que vous êtes malheureux d'avoir couru de vous-même à la mort ! *ô te infelicem qui ultrò ad necem cucurreris !*

PRÉPOSITION *A* DEVANT UN INFINITIF.

I, Quand la préposition *à*, précédée d'un nom peut se tourner par *qui*, *que*, on l'exprime par qui, *quæ*, *quod* avec le subjonctif.

Ex. Je n'avais rien à vous écrire, *tournez*, que je vous écrivisse, *nihil habebam quod ad te scriberem*.

II. Quand *à* peut se tourner par *si*, on l'exprime en latin par *si*.

Ex. A l'entendre parler vous diriez... *tournez*, si vous l'entendiez parler... *quem si loquentem audias, dicas...*

REMARQUE. On met élégamment en latin le présent du subjonctif au lieu de l'imparfait.

III. Quand *à* peut se tourner par *pour*, on l'exprime par *ut* avec le subjonctif, et s'il suit une négation, c'est par *ne*.

Ex. A dire vrai, *tournez*, pour dire vrai, *ut verum dicam*.

A ne pas mentir, *ne mentiar*.

ÊTRE *HOMME A .. FEMME A...* TOURNEZ, *ÊTRE CELUI, CELLE QUI.*

Règle. N'être pas homme à... femme à... capable de... se tourne par *n'être pas celui, celle qui,* et s'exprime par *non is... qui, non ea quæ*, avec le subjonctif, et le second verbe est toujours à la même personne que le premier.

Ex. Je ne suis pas homme à reculer, *non is sum qui pedem referam.*

Votre mère n'est pas femme à élever mal ses enfants, *non ea est tua mater, quæ liberos suo malè instituat.*

Si *être* ou *n'être pas capable* a pour nominatif un nom de chose inanimée, on l'exprime par *posse, possum.* Ex. Tous les trésors du monde ne sont pas capables de satisfaire son avarice, *thesauri quilibet illius avaritiam satiare non possunt.*

PREPOSITION *POUR.*

Pour s'exprime de différentes manières, suivant ses différentes significations.

9..

I. Quand *pour* signifie *envers*, il s'exprime par *in* ou *ergà* avec l'accusatif.

Ex. Mon zèle pour vous, *meum in te* ou *ergà te studium.*

II. Quand *pour* peut se tourner par *de*, on le rend par le génitif.

Ex. L'amour pour la liberté nous est naturel, *tournez*, l'amour de la liberté... *amor libertatis nobis est innatus.*

III. Quand *pour* signifie *au lieu de*, il s'exprime par *pro* avec l'ablatif, ou par *loco* avec le génitif.

Ex. Pour une épée, il prit un bâton, *pro gladio*, ou *loco gladii, fustem sumpsit.*

IV. Quand *pour* signifie *à cause de*, il s'exprime par *ob* ou *propter* avec l'accusatif.

Ex. Je l'aime pour sa modestie, *illum propter modestiam amo.*

V. Quand *pour* signifie *pour l'amour de*, il se rend par *causâ* ou *gratiâ* avec le génitif.

Ex. Je ferai volontiers cela pour lui, *id libenter illius causâ faciam*; pour vous, *tuâ causâ.* (Au lieu des génitifs *mei*, *tui*, on dit *meâ*, *tuâ*, devant *causâ.*)

VI. Quand *pour* marque l'intention, le motif, il se rend par *in* avec l'accusatif.

Ex. Employez tous vos soins pour votre santé, *omnem curam in valetudinem confer.*

VII. *Pour*, signifiant *à l'avantage, au désavantage de*, se rend en latin par le datif.

Ex. Je craignais pour votre vie, *vitæ tuæ metuebam.*

Demander grâce pour quelqu'un, *veniam alicui petere.*

VIII. *Pour*, devant un infinitif, s'exprime par *ad* avec le gérondif en *dum*, ou par *ut* avec le subjonctif, ou par *causâ*, *gratiâ* avec le gérondif en *di.*

Ex. Il se leva pour répondre, *surrexit ad res-*

pondendum, ou *ut responderet*, ou *respondendi causâ*.

On se sert aussi quelquefois du futur en *rus*, *ra*, *rum*, que l'on fait accorder avec le nominatif; *surrexit responsurus*.

Si *pour* est suivi d'un comparatif, au lieu de *ut*, on se sert de *quò*.

Ex. Reposez-vous pour mieux travailler, *otiare quò meliùs labores*.

Quand *pour* est accompagné d'une négation, il se rend par *ne* avec le subjonctif.

Ex. Pour ne pas vous ennuyer, *ne vobis tædium afferam*.

IX. Si *pour* devant un infinitif peut se tourner par *qui*, *que*, on l'exprime par *qui*, *quæ*, *quod*, avec le subjonctif.

Ex. Il m'envoya quelqu'un pour m'avertir, tournez, quelqu'un qui m'avertît, *misit hominem qui me moneret*.

X. *Pour*, devant le parfait de l'infinitif, suivi de ces mots, *ce n'est pas à dire pour cela que...* se tourne par *quoique*.

Ex. Pour avoir salué des méchans, ce n'est pas à dire pour cela que je sois méchant, *quamvis improbos salutaverim*, *non continuò sum improbus*.

XI. *Pour peu que* se tourne par *si peu que*, et s'exprime par *si vel minimùm*

Ex. Pour peu que vous vouliez réfléchir, vous comprendrez la chose, *si vel minimùm cogitare volueris*, *rem percipies*.

XII. *Pour*, dans ces façons de parler, *pour moi*, *pour vous*, se rend par *verò*, que l'on met après le pronom.

Ex. Pour moi je suis prêt, *ego verò sum paratus*.

Pour vous, il vous importe, *tuâ verò interest*.

XIII. *Pour*, signifiant *eu égard à...* se rend en

latin par *ut*, et quelquefois par *pro*, qui gouverne l'ablatif.

Ex. Il avait assez de littérature pour un Romain, *c'est-à-dire* eu égard à un Romain, *erant multæ ut in homine Romano litteræ.*

Il était habile pour ce temps-là, *erat ut illis temporibus eruditus.*

Il est assez savant pour son âge, *pro ætate satis est eruditus.*

PRÉPOSITION *SANS* DEVANT UN INFINITIF FRANÇAIS.

I. *Première Règle.* Quand le verbe qui précède *sans* n'a ni négation ni interrogation, on tourne *sans* par *et ne pas*, et on l'exprime par *nec.*

Ex. Il est sorti sans fermer la porte, *tournez*, et il n'a pas fermé la porte, *exiit, nec fores clausit.*

II. *Deuxième Règle.* Quand le premier verbe est accompagné d'une négation ou d'une interrogation, on tourne *sans* par *que ne*, et on l'exprime par *quin* ou *nisi.*

Ex. Personne ne devient savant, qui peut devenir savant sans lire beaucoup? *tournez* qu'il ne lise... *nemo fit doctus, quis potest doctus fieri, quin multa legat?*

REMARQUE. On tourne aussi quelquefois *sans* par *avant que*, *priusquàm.* Je ne partirai pas sans vous avoir dit *adieu*, tournez, avant que je vous aie dit adieu, *non proficiscar priusquàm tibi vale dixerim.*

DIFFÉRENTES MANIÈRES D'EXPRIMER LA PRÉPOSITION *SANS* DEVANT UN INFINITIF.

1° Par un nom dérivé d'un verbe. Sans pleurer, *sine lacrymis*; sans craindre, *sine metu.*

2° Par un adjectif. Passer la nuit sans dormir, *noctem insomnem ducere*; sans blesser sa conscience, *salvâ fide*; sans se plaindre, *æquo animo.*

3° Par un adverbe. Sans faire semblant de rien, *dissimulanter*; sans y penser, *temerè, imprudenter.*

4º Par un participe. Ex. Vous comprenez cela sans que je vous le dise, *id etiam me tacente intelligis* ; sans rire, *remoto joco* ; sans tarder, *nullâ interpositâ morâ.*

I. *APRÈS*, SUIVI D'UN INFINITIF.

Après s'exprime par *post* avec l'accusatif. Ex. Après le dîner, *post prandium.*

Quand *après* marque la seconde place, le second rang, on l'exprime par *secundùm* avec l'accusatif, ou par *ab* avec l'ablatif.

Ex. Après Cicéron, il est, sans contredit, le premier des orateurs, *secundùm Ciceronem*, ou bien *à Cicerone est oratorum facilè princeps.**

II. *APRÈS*, SUIVI D'UN INFINITIF FRANÇAIS.

Règle. Après, suivi du parfait de l'infinitif actif, se tourne par *après que*, et s'exprime par *postquàm, quùm*, et le verbe se met à différents temps de l'indicatif, de cette manière :

Ex. Après avoir lu, j'écris, *c'est-à-dire*, après que j'ai lu... *postquàm legi, scribo.*

Après avoir lu, j'écrivais, *c'est-à-dire*, après que j'avais lu... *postquàm legeram, scribebam.*

Après avoir lu, j'ai écrit, *c'est-à-dire*, après que j'ai eu... *postquàm legi, scripsi.*

Après avoir lu, j'écrirai, *c'est-à-dire*, après que j'aurai lu... *postquàm legero scribam.*

AVANT, SUIVI D'UN INFINITIF FRANÇAIS.

Règle. Avant, suivi d'un infinitif, se tourne par *avant que*, *antequàm*, *priusquàm*, avec le subjonctif, de cette manière.

Ex. Je lis, je lirai avant d'écrire, *tournez*, avant que j'écrive, *lego, legam antequàm scribam.*

Je lisais, j'ai lu, j'avais lu avant d'écrire, *tour-*

* *Après*, signifiant *immédiatement après*, se rend par *sub* avec l'accusatif. Ex. Après cette lettre, on lut la vôtre, *sub eas litteras, recitatæ sunt tuæ.*

nez , avant que j'écrivisse , *legebam*, *legi* , *legeram antequàm scriberem.**

AU LIEU DE SUIVI D'UN NOM.

I. *Au lieu de* s'exprime par *pro* avec l'ablatif , ou par *loco* avec le génitif.

Ex. Au lieu d'épée , il se servit d'un bâton , *pro gladio* ou *loco gladii* , *fuste usus est.*

II. AU LIEU DE , SUIVI D'UN INFINITIF.

1° On le tourne par *lorsque je devrais* , *tu devrais* , *il devrait*, quand il y a une obligation de faire la chose.

Ex. Au lieu de lire , il joue , *tournez* , lorsqu'il devrait lire... *quùm legere deberet* , *ludit.*

2° On le tourne par *lorsque je pourrais* , *tu pourrais* , *il pourrait*... quand il n'y a qu'une simple permission de faire la chose.

Ex. Au lieu de jouer il lit , *tournez* , lorsqu'il pourrait jouer... *quùm posset ludere* , *legit.*

III. *Au lieu de*... précédé d'un verbe à l'impératif , s'exprime par *non autem* , et le second verbe se met aussi à l'impératif en latin.

Ex. Lisez au lieu de badiner , *tournez* , lisez et ne badinez pas , *lege* , *non autem nugare.*

IV. *Au lieu que* se tourne par *au contraire*, et s'exprime par *verò* , *autem* , que l'on met après un mot.

Ex. Il lit , au lieu que vous badinez , *tournez* , vous , au contraire , vous badinez , *legit ille* , *tu verò nugaris.*

V. Quand *au lieu de* , suivi d'un infinitif, peut se tourner par *bien loin de*, on l'exprime de même.

BIEN LOIN DE , SUIVI D'UN INFINITIF.

Règle. Bien loin de, suivi d'un infinitif, s'exprime par *nedùm* avec le subjonctif, et le membre de phrase où il se trouve devient le second.

* *Avant*, suivi d'un parfait de l'infinitif, peut se rendre par un participe du passé, en y ajoutant une négation. Ex. Il est parti avant d'avoir terminé l'affaire , *c'est-à-dire* l'affaire n'étant pas terminée, *imperfecto negotio profectus est. In*, ajouté à un adjectif équivaut à *non*.

Ex. Bien loin de m'aimer, il me regarde à peine, *tournez*, il me regarde à peine, bien loin qu'il m'aime, *vix me aspicit, nedùm me amet.*

CHAPITRE VI.
CONJONCTIONS FRANÇAISES.

La principale conjonction française est *que*; nous en avons parlé dans différents articles.

Si conditionnel. — I. *Si*, au commencement d'une phrase, se traduit par *si*, et veut le subjonctif devant un imparfait ou un plusque-parfait.

Ex Si vous le faisiez, si vous l'aviez fait pour l'amour de moi, *id si faceres, si fecisses, causâ meâ.*

1re REMARQUE. Quelquefois au lieu de répéter *si* on met *que* en français.

Ex. Si vous aviez voulu, et que vous eussiez pu, *si voluisses et potuisses.*

2. REMARQUE. Quand le second verbe est au futur, il vaut mieux mettre ainsi le premier au futur en latin. *Ex.* Si vous lisez ce livre, j'en serai charmé, *quem librum si leges, lœtabor.*

II. Quand *si* est suivi de *ne* seulement, on le traduit par *nisi* avec le subjonctif.

Ex. Si vous ne prenez garde, *nisi caveas.*

III. Quand *si* est suivi de *ne pas*, *ne point*, on le traduit par *si non, si minùs*, et ces mots, *au moins, du moins, pour le moins*, s'expriment par *saltem, at certe, ut minimùm.*

Ex. Si vous ne craignez pas les hommes, au moins craignez Dieu; *si non homines, at certè Deum time.*

IV. *Si*, signifiant *quand, parce que*, ne veut pas le subjonctif; ce qui arrive lorsqu'il est suivi de deux imparfaits, ou de deux parfaits.

Ex. Si je l'appelais, il s'en allait, *tournez*, quand je l'appelais... *quem si arcessebam, abibat.*

REMARQUE. *Que si* s'exprime par *quòd si, mais si*, par *sin*, *sin autem, si au contraire, si cela n'était pas*, par *sin aliter*, *sin minùs.*

Si ce n'est que, à moins que, par *nisi, nisi forte, nisi verò, nisi si*; *si ce n'est* suivi d'un nom, par *nisi*, et même cas que devant, ou par *prœter* avec l'accusatif.

Si dubitatif. — *Si*, après les verbes de doute, comme *douter si, examiner si, ne pas savoir si, délibérer si, demander, juger, dire, s'informer si*, etc., s'exprime par *an, utrùm*; *ou si* s'exprime par *an*, ou *non* s'exprime par *an-non, nec-ne.*

Ex. Elle demanda si elle était plus grosse que le bœuf, *interrogavit an esset latior bove.*

Je ne sais s'il dort, ou s'il écoute, *nescio utrùm dormiat*, *an audiat*; s'il dort, ou non, *an dormiat*, *nec-ne*.

COMME, DE MÊME QUE.

I. *Comme*, *de même que*, dans le premier membre d'une comparaison, s'exprime par *ut* ou *quemadmodùm* avec l'indicatif, et *de même*, dans le second membre s'exprime par *sic* ou *ità*

Ex. Comme le feu éprouve l'or, de même l'adversité éprouve l'homme courageux, *ut* ou *quemadmodùm ignis aurum probat*, *sic* ou *ità miseria fortes viros*.

II. *Combien* signifiant *pendant que*, *puisque*, se rend par *quàm*, et il veut le subjonctif.

Ex. Comme on le menait au supplice... *tournez*, pendant qu'on..., *quàm ad supplicium duceretur*.

Comme la chose est ainsi, c'est-à-dire, *puisque* la chose est ainsi, *quàm ità se res habeat*....

DIFFÉRENTES LOCUTIONS FRANÇAISES.

Aller, devoir, il faut, *suivis d'un infinitif*.

I. Quand *aller*, *devoir*, suivis d'un infinitif, marquent seulement qu'une chose est près de se faire, on n'exprime pas le verbe *aller*, *devoir*, mais on met le verbe suivant au participe du futur, avec le verbe *sum*, *es*, *est*, que l'on met au même temps où le verbe *aller* est en français.

Ex. Je vais *ou* je dois partir, *mox profecturus sum*.

Il devait partir, *profecturus erat*.

La ville doit être pillée demain, *urbs cras diripienda est*.

II. Quand les verbes *devoir*, *il faut*, marquent obligation, on tourne la phrase par le passif, et l'on se sert du futur en *dus*, *da*, *dum*.

Exemple. Il faut réprimer ses passions, *tournez* les passions doivent être réprimées, *comprimendæ sunt libidines* *.

III Si le verbe qui suit *devoir*, *il faut*, ne gouverne pas l'accusatif, servez-vous du participe neutre en *dum* avec *est*, et mettez au cas du verbe le nom ou le pronom suivant.

Ex. Il faut servir Dieu, *serviendum est Deo* (Le verbe *servir* gouverne le datif.)

(On peut aussi se servir de *debere*, *oportet* : *Oportet Deo servire*.)

TANT S'EN FAUT QUE... ÊTRE SI ÉLOIGNÉ DE...

Tant s'en faut s'exprime par *tantùm abest*, et les deux *que* suivant par *ut* avec le subjonctif.

Tant s'en faut qu'il vous haïsse, qu'au contraire il vous aime, *tantùm abest ut te oderit, ut contrà te amet*.

On peut exprimer *tant s'en faut que* par *adeo non*, et le second

* Exprimez de même par le participe en *dus*, *da*, *dum*, AVOIR BESOIN, suivi d'un infinitif... Il a besoin d'être excité au travail, *ad laborem est incitandus*.

que par *ut. Adeò non te odit, ut contrà te amet.* On peut encore le tourner par *bien loin de*, et l'exprimer de même : *te amat, nedùm te oderit.*

PEU S'EN FAUT... IL S'EN FAUT PEU QUE.

Peu s'en faut, il ne tient à rien que, s'expriment par *parùm abest,* et *que* par *quin* avec le subjonctif.

Ex. Peu s'en faut que je ne sois très-malheureux, *parùm abest quin sim miserrimus.*

Peu s'en est fallu qu'il ne tombât, *parùm abfuit quin caderet*.*

Penser, faillir, manquer, suivis d'un infinitif c'est la même chose que *peu s'en faut.* Il a pensé tomber...

Il s'en faut beaucoup que... être bien éloigné de...

Il s'en faut beaucoup s'exprime par *multùm abest... Combien s'en faut-il,* par *quantùm abest* et le *que* suivant par *ut* avec le subjonctif.

Ex. Il s'en faut beaucoup que vous surpassiez vos condisciples, *multùm abest ut tuos superes condiscipulos.*

Cette façon de parler *faut-il que,* mise par exclamation, ne s'exprime pas ; on met le nom ou pronom à l'accusatif, et le verbe suivant à l'infinitif. *Ex.* Faut-il que je sois si malheureux, *Me-ne itá miserum esse !*

Faire, SUIVI D'UN INFINITIF FRANÇAIS.

I. Quand le verbe *faire* signifie *faire en sorte,* on l'exprime par *facere* ou *dare operam ut,* avec le subjonctif,

Ex. Faites-moi savoir, *tournez,* faites en sorte que je sache, *fac ut sciam.*

Faire connaître, quand il a pour nominatif un nom de chose inanimée, se tourne de la manière suivante.

Ex. Votre lettre m'a fait connaître, *tournez,* j'ai connu par votre lettre, *ex litteris tuis cognovi.*

II. Quand *faire* signifie *contraindre, commander, engager,* on l'exprime par *cogere, jubere, impellere.*

Ex. Vous me faites mourir, *c'est-à-dire,* vous me contraignez... *Mori me cogis.*

Il le fit tuer, *c'est-à-dire,* il ordonna qu'il fût tué, *jussit eum occidi.* (Après, *jubeo* on met toujours le verbe au présent de l'infinitif.)

Cela m'a fait croire, *c'est-à-dire* cela m'a engagé à croire, *id me impulit ut crederem.*

III. *Ne faire que de...* se tourne par *tout à l'heure,* et s'exprime par *modò.*

Ex. Il ne fait que d'arriver, *tournez,* il est arrivé tout à l'heure, *modò advenit.*

* On peut encore exprimer *peu s'en est fallu* par *tantùm non* ou par *penè. Peu s'en est fallu qu'il ne tombât, tournez,* seulement il n'est pas tombé, *tantùm non cecidit,* ou il est presque tombé, *penè cecidit.*

IV. *Ne faire que* se tourne par *toujours*, et s'exprime par *semper, perpetuò.*

Ex. Il ne fait que badiner, *tournez*, il badine toujours, *perpetuò nugatur.*

Se faire donner quelque chose par force, *aliquid extorquere.*

Faire sa paix avec quelqu'un, *in gratiam redire cum aliquo.*

Faire espérer à quelqu'un que.... *aliquem in spem adducere.* (Le *que* se retranche.)

Faire concevoir une bonne opinion de soi, *bonam sui* ou de *se spem concitare.*

Les autres significations du verbe *faire* se trouvent dans le dictionnaire.

I. *Venir de...* DEVANT UN INFINITIF FRANÇAIS.

Venir de..., devant un infinitif, se tourne par *tout à l'heure, modò.*

Ex. Il vient de partir, *tournez*, il est parti tout à l'heure, *modò profectus est.*

II. *Venir à... n'aller pas...,* devant un infinitif, ne s'expriment pas en latin.

Ex. S'il vient à savoir cela, *tournez*, s'il sait cela, *id si rescierit.* N'allez pas vous imaginer, *tournez*, ne vous imaginez pas, *ne existimes,* ou *noli existimare.*

Etre près ou *sur le point de.*

Etre près de...., devant un infinitif, se tourne par *dans peu, bientôt,* MOX ou JAMJAM, et le verbe suivant se met au futur en *rus, ra, rum,* pour l'actif, en *dus, da, dum,* pour le passif, avec *sum... eram.*

Ex. Il était sur le point de prendre la ville, *mox* ou *jamjam oppido potiturus erat.* On dit encore : *in eo erat ut oppido potiretur.*

Ne manquer pas de...

I. *Ne manquer pas de...,* devant un infinitif, se tourne par *certainement, profectò.*

Ex. Je ne manquerai pas de lui écrire, *tournez* je lui ecrirai certainement, *ad illum profectò scribam.*

II. Mais quand on commande quelque chose, *ne manquez pas,* se tourne par *souvenez-vous, memento;* au pluriel, *mementote.*

Ex. Ne manquez pas de l'avertir, *memento ut illum moneas.*

Laisser, DEVANT UN INFINITIF.

I. *Laisser,* devant un infinitif, se tourne par *permettre que* et s'exprime par *sinere.* (Le *que* se retranche.)

Ex. Vos chants ne me laissent pas dormir, *cantus tui non sinunt me dormire.*

II. *Ne pas laisser de,* devant un infinitif, se tourne par *cependant,* tamen.

Ex. Quoique je vous attende vous-même, ne laissez pas de donner une lettre, *quamquam te ipsum exspecto, da tamen epistolam*

S'occuper à... se mettre à... se mêler de...

Les verbes *s'occuper à* , *se mêler de* , devant un infinitif , ne s'expriment pas en latin.

Ex. Il s'occupe à lire , *tournez* , il lit , *legit*.

Se mettre à... , devant un infinitif, s'exprime en latin par *cœpisse* , *cœpi* ; il se mit à pleurer , *flere cœpit*.

Avoir la force de... la hardiesse de...

Avoir la force de,... , devant un infinitif s'exprime par *sustinere* , *audere* , avec l'infinitif latin.

Ex. Avez-vous bien eu la force de nier cela ? *Sustinuisti* , *ausus es id negare* ?

Ne servir qu'à...

Ne servir qu'à... , devant un infinitif ne s'exprime pas en latin.

Ex. Cela ne sert qu'à aigrir ma douleur, *tournez*, cela aigrit... *hoc dolorem meum exulcerat*.

Savoir DEVANT UN INFINITIF FRANÇAIS.

Savoir , devant un infinitif, ne s'exprime pas en latin.

Ex. Il sut profiter de cette occasion, *tournez*, il profita de .. *ed occasione usus est*.

Il me tarde de... je suis dans l'impatience de...

Il me tarde de... , *être dans l'impatience de...* s'expriment par *nihil longius est quàm...* avec l'infinitif, ou *quàm ut...* avec le subjonctif.

Ex. Il me tarde de vous voir, *nihil mihi longius est quàm ut te videam*.

Il ne tient qu'à...

Il ne tient qu'à moi , qu'à vous , qu'à lui , que cela ne se fasse , *per me, per te per illum stat quominus id fiat*.

Avoir beau...

Avoir beau... , devant un infinitif, se tourne par *en vain* , *frustrà* , ou *quoique* , *quamvis*.

Ex. Vous avez beau crier, *tournez* , vous criez en vain, *frustrà vociferaris* , ou quoique vous criez , *quamvis vociferare*.

Avoir de la peine à...

Avoir de la peine à... , devant un infinitif se tourne par *difficilement*.

Ex. Il a eu de la peine à obtenir cela , *tournez*, il a obtenu difficilement, *œgrè id impetravit*.

N'avoir pas de peine à... se tourne par *facilement*.

A force de...

A force de... , devant un infinitif, se rend par le nom dérivé du verbe , avec *multus* , *a* , *um*.

Ex. A force de travailler, il est devenu savant, *tournez*, par beaucoup de travail... *multa labore doctus evasit*.

Pour ne pas dire.

Pour ne pas dire s'exprime par *ne dicam* , et le nom ou l'adjectif suivant se met au même cas que celui qui précède, quand on renvoie le premier verbe à la fin.

Ex. Vous êtes un enfant, pour ne pas dire un badin, *tu puer, ne dicam, nugator es.*

Avoir le bonheur de... avoir le malheur de...

Avoir le bonheur de... s'exprime par *contingere ut... le malheur de* par *accidere ut.*

J'ai eu le bonheur de voir le roi, *tournez*, il m'est arrivé de, *mihi contigit ut regem viderem.*

J'ai eu le malheur d'être vaincu, *mihi accidit ut vincerer.*

Avoir lieu, SUJET OU RAISON.

Avoir lieu, sujet ou raison, se tourne par le verbe *être* et l'infinitif suivant se met au gérondif en *di*

Ex. Vous n'avez pas lieu... de craindre, *c'est-à-dire,* lieu n'est pas à vous de craindre, *tibi non est timendi locus.*

On peut encore exprimer *de* par *quòd* ou *cur* avec le subjonctif : *non est quòd timeas.*)

VOUS NE SAURIEZ CROIRE.

Souvent l'imparfait du subjonctif au commencement d'une phrase, se met en latin au présent du subjonctif, surtout avec *volo, nolo, malo, audeo* et *possum.*

Ex. Vous ne sauriez croire, *vix credas* ou *vix credideris.*

Vous le prendriez pour un homme sage, *eum sapere putes.*

MALGRÉ.

I. *Malgré,* devant un nom de personne, s'exprime par *invitus, a, um,* que l'on fait accorder avec ce nom.

Ex. Il a fait cela malgré lui, *id invitus fecit.*

Je l'ai renvoyé malgré lui, *illum invitum dimisi.*

J'ai fait cela malgré lui, *id illo invito feci.*

II. *Malgré,* devant un nom de chose, se tourne par *quoique,* avec un verbe.

Ex Il le tua malgré ces cris redoublés, *tournez,* quoiqu'il criât beaucoup, *illum, quamvis clamitaret, interfecit.*

AU HAUT DE... AU MILIEU DE... AU BAS DE...

Le haut, le sommet d'un arbre, d'un rocher, d'une montagne, *summa arbor, summa rupes, summus mons.* Au haut de l'arbre *in summâ arbore.*

Le milieu d'un arbre, d'un rocher, d'une montagne, *media arbor, media rupes, medius mons.* Au milieu du marché, *in medio foro.*

Le bas d'un arbre, d'une montagne, *ima arbor, imus mons.*

Le bout des doigts, *extremi digiti.*

Le fond de la mer, *imum mare.*

FIN DE LA GRAMMAIRE LATINE.

TABLE

DES MATIÈRES

PREMIÈRE PARTIE.

Des diverses sortes de mots.	*page* 3
Le nom.	*ibid.*
Les cinq déclinaisons.	5 *et suiv.*
Tableau général des déclinaisons.	9
Règle des noms.	10
L'Adjectif.	*ibid.*
Règle des adjectifs.	14
Le pronom.	15 *et suiv.*
Supplément aux déclinaisons.	22 *et suiv.*
Noms de nombre.	28
Supplément aux adjectifs.	29
Formation des comparatifs et superlatifs	30
Règles des comparatifs et superlatifs.	31
Du verbe.	32
Conjugaisons des verbes.	33 *et suiv.*
Règle générale pour tous les verbes.	36
Formation des temps actifs.	56
Règle des verbes actifs.	58
Tableau des conjugaisons actives.	59
Verbes passifs.	60
Tableaux des conjugaisons passives.	77
Formation des temps passifs.	78
Règle des verbes passifs.	*ibid.*
Verbes déponens.	*ibid.*
Verbes irréguliers.	93
Verbes défectueux.	103
Verbes impersonnels.	104
Participes , Gérondifs et Supins.	111
Adverbes.	112
Prépositions.	114
Conjonctions.	115
Interjections.	116

DEUXIÈME PARTIE.

Accord des deux noms.   117
Régime des noms.   ibid.
De entre un nom et un infinitif.   118
Accord de l'adjectif avec le nom.   ibid.
Adjectif qui suit le verbe Sum.   119
Régime des adjectifs.   120
Règle des comparatifs et superlatifs.   122
Accord du verbe avec son nominatif.   124
Verbes qui gouvernent l'accusatif.   125
Verbes qui gouvernent le datif.   126
Verbes qui gouvernent l'ablatif.   128
Verbes qui gouvernent le génitif.   ibid.
Régime indirect des verbes.   ibid.
    Do vestem pauperi.   ibid.
    Minari, etc.   129
    Docere, etc.   ibid.
    Scribo, mitto, etc.   ibid.
    Accepi litteras, etc.   130
    Audire, Quærère, etc.   ibid.
    Racheter, délivrer, etc.   ibid.
    Implere dolium vino, etc.   ibid.
    Avertir, informer.   131
    Accuser, condamner.   ibid.
Régime des verbes passifs.   132
Verbes Pertinet, Attinet, Spectat.   ibid.
Verbes Pænitet, Pudet, etc.   133
Verbe il importe, etc.   ibid.
Verbe il appartient à.., etc.   134
Verbe opus est.   135
Verbe interdico.   ibid.
Régime d'un verbe sur un autre.   ibid.
Accord des pronoms avec l'antécédent.   137
Qui et Que relatifs.   138
Dont; De qui; A qui, etc.   139
Pronoms me, te, se, nous, vous, le, la, les, lui,
    leur.   140
Qui interrogatif.   142
Que interrogatif.   143
Quel, Quelle.   ibid.
Quis te redemit?, etc.   144
Participes.   145
    Joints au nominatif.   146
    Joints au régime du verbe.   ibid.
    Ablatif absolu.   ibid.
Prépositions.   147
Noms de matière.   ibid.
    De mesure, de distance et d'espace.   ibid.
    De l'instrument, de la cause, etc.   148
Questions de temps.   ibid.

Questions de lieu. 149
Adverbes de lieu, 153
Régime des verbes. 154
Régime des conjonctions. ibid.

TROISIÈME PARTIE.

Que retranché. 156
Temps du verbe français qu'il faut mettre au présent
de l'infinitif latin. 157
    Au parfait. ibid.
    Au futur. 158
    Au futur passé. ibid.
Observations sur les verbes qui manquent de futurs
à l'infinitif. 159, 160.
Que ou De après *conseiller, persuader, etc.*
    Après il n'importe pas, etc.
De exprimé par *ut, ne, an, utrùm, quin.* 162
Craindre *De* ou *Que ne.* ibid.
Prendre garde de ou que ne. 163
N'avoir garde de, se garder bien de. ibid.
Empêcher, défendre, etc. 164
Se réjouir de ou que ne. 165
Attendre que. ibid.
Être cause que. ibid.
Douter que, etc. ibid.
Verbes qu'il faut mettre au subjonctif latin après *qui,*
    quel interrogatifs et certains adverbes. 166
A quel temps du subjonctif il faut mettre le verbe après
    quin, an etc. 167
Verbes qu'il faut tourner par le passif. 169
On, l'on. 170
On dit, on croit. 171
On enseigne. 172
Il, le, la, lui, leur, exprimés par *sui, sibi, se.* ibid.
Son, sa, ses, exprimés par *ejus,* etc. 173
Son, sa, ses, au commencement d'une phrase. 175
Tel que, telle que. ibid.
Tel répété. 176
Le même que. 177
Autre, autrement que. ibid.
Tout autre, l'un l'autre, le premier, etc. 178 et suiv.
Quelque que, suivi d'un nom. 180
    D'un adjectif. ibid.
Pronoms qui ne s'expriment pas en latin, *je crois qu'il*
    faut, etc. 181
Participes qui manquent en latin. 182
    Qui s'expriment par une préposition et un nom. 183
Que adverbe, de désir. 184
Ne que signifiant *non-seulement.* ibid.

Que entre deux négations, d'admiration. 185
Adverbes de quantité. ibid.
Que après autant, aussi. 190
Autant que au commencement d'une phrase. ibid.
Autant, aussi à la fin d'une phrase. 191
Qu'homme du monde, que qui que soit, etc. ibid.
Autant répété. 192
D'autant devant *plus*, *moins*. ibid.
Devant *plus*, *moins* répétés. 193
Le plus, le moins. ibid.
Tant que. 195
Si adverbe. 196
Assez... pour, tant *ou* si... que. 197
Trop... pour, etc. ibid.
A peine... que, aussitôt... que, etc. 198
Prépositions françaises, De, A. 200
Être homme à... femme à... 201
Pour, manières de l'exprimer. ibid.
Sans, manières de l'exprimer. 204
Après suivi d'un infinitif, etc. 205
Avant suivi d'un infinitif. ibid.
Au lieu *de*, *que*; etc. 206
Bien loin de. ibid.
Si, *si ce n'est*, etc. 207
Comme, De même que, combien. 208
Verbes aller, devoir, il faut, suivis d'un infinitif. ibid.
Tant s'en faut que... Être si éloigné de... ibid.
Peu s'en faut.... Il s'en faut peu que... 209
Il s'en faut beaucoup que... Être bien éloigné de.. ibid.
Faire suivi d'un infinitif français. ibid.
Venir de..., Être près de, sur le point de... 210
Ne manquer pas de... ibid.
Laisser devant un infinitif. ibid.
S'occuper à..., se mettre à..., se mêler de... 211
Avoir la force, la hardiesse de... ibid.
Ne servir qu'à... ibid.
Savoir devant un infinitif. ibid.
Il me tarde de, je suis dans l'impatience de... ibid.
Il ne tient qu'à. ibid.
Avoir beau..., de la peine à... ibid.
A force de. ibid.
Pour ne pas dire. ibid.
Avoir le bonheur de... 212
Avoir lieu, sujet *ou* raison. ibid.
Vous ne sauriez croire. ibid.
Malgré. ibid.
Au haut, au milieu, au bas. ibid.

FIN DE LA TABLE

LIMOGES ET ISLE,

IMPR. DE MARTIAL ARDANT FRÈRES.